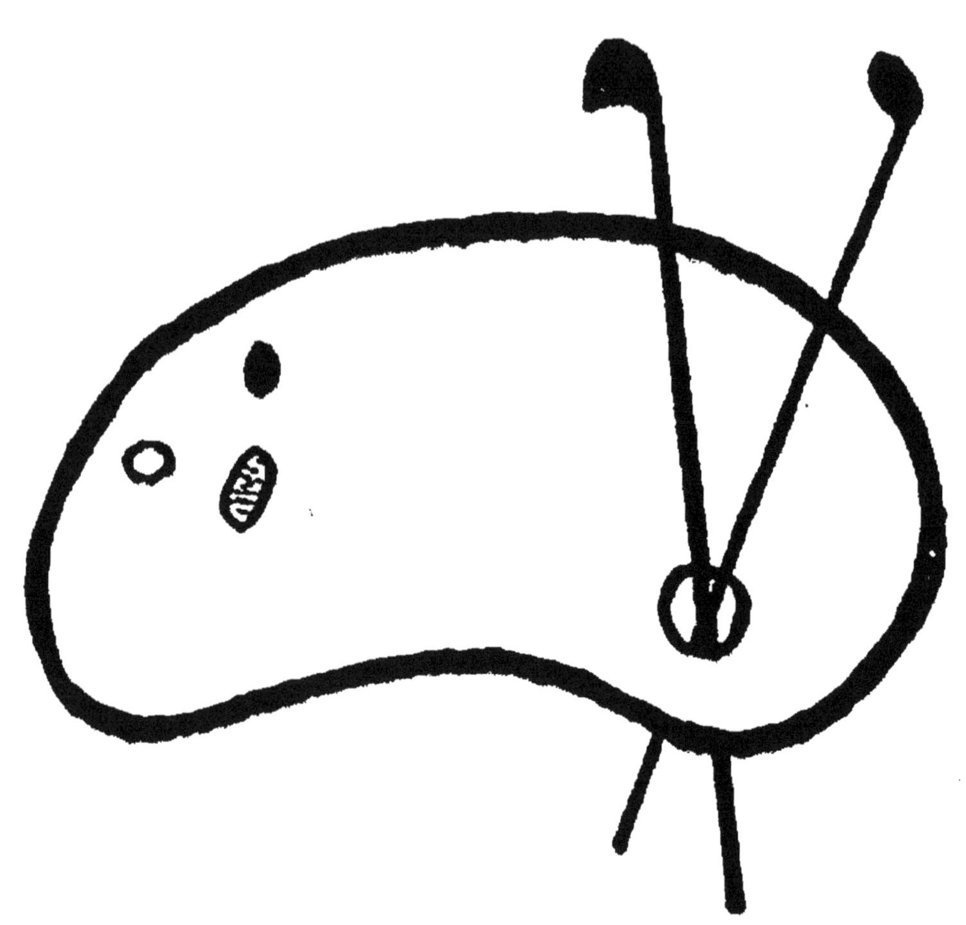

COUVERTURE SUPERIEURE ET INFERIEURE
EN COULEUR

LES

CONFRÉRIES

BRETONNES

LEUR ORIGINE, LEUR RÔLE, LEURS USAGES ET LEUR INFLUENCE
SUR LES MŒURS

AU MOYEN AGE

PAR

LÉON MAITRE

Membre de la Société de l'École des Chartes, Officier d'Académie, Archiviste de la Loire-Inférieure.

NANTES

IMPRIMERIE VINCENT FOREST ET ÉMILE GRIMAUD

PLACE DU COMMERCE, 4

—

1876

LES

CONFRÉRIES

BRETONNES

LEUR ORIGINE, LEUR RÔLE, LEURS USAGES ET LEUR INFLUENCE
SUR LES MŒURS

AU MOYEN AGE

PAR

LÉON MAITRE

Membre de la Société de l'École des Chartes, Officier d'Académie, Archiviste de la Loire-Inférieure.

NANTES

IMPRIMERIE VINCENT FOREST ET ÉMILE GRIMAUD

PLACE DU COMMERCE, 4

—

1876

PUBLICATIONS DU MÊME AUTEUR

Les Écoles épiscopales et monastiques de l'Occident, du VIIIe au XIIIe siècle.

Le Maine sous l'ancien régime.

Histoire des hôpitaux de Laval.

Tableau du Maine pendant les assemblées provinciales de 1787 et la Convocation aux États généraux.

Tablettes chronologiques des seigneurs de Laval, de Mayenne et de Château-Gontier.

Histoire de la ville et du comté de Nantes rédigée par Gérard Mellier, maire de Nantes.

Les Écoles primaires du Comté nantais.

Inventaire du Trésor des chartes des ducs de Bretagne.

Histoire administrative des hôpitaux de Nantes.

Guide du voyageur sur les chemins de fer nantais.

Nantes. — Imp. Vincent Forest et Émile Grimaud, place du Commerce, 4.

PUBLICATIONS DU MÊME AUTEUR

Les Écoles épiscopales et monastiques de l'Occident, du VIIIe au XIIe siècle.

Le Maine sous l'ancien régime.

Histoire des hôpitaux de Laval.

Tableau du Maine pendant les assemblées provinciales de 1787 et la Convocation aux États généraux.

Tablettes chronologiques des seigneurs de Laval, de Mayenne et de Château-Gontier.

Histoire de la ville et du comté de Nantes rédigée par Gérard Mellier, maire de Nantes.

Les Écoles primaires du Comté nantais.

Inventaire du Trésor des chartes des ducs de Bretagne.

Histoire administrative des hôpitaux de Nantes.

Guide du voyageur sur les chemins de fer nantais.

Nantes. — Imp. Vincent Forest et Émile Grimaud, place du Commerce, 4.

LES CONFRÉRIES BRETONNES

LES

CONFRÉRIES

BRETONNES

LEUR ORIGINE, LEUR RÔLE, LEURS USAGES ET LEUR INFLUENCE
SUR LES MŒURS

AU MOYEN AGE

PAR

LÉON MAITRE

Membre de la Société de l'École des Chartes, Officier d'Académie, Archiviste de la Loire-Inférieure.

NANTES

IMPRIMERIE VINCENT FOREST ET ÉMILE GRIMAUD

PLACE DU COMMERCE, 4

1876

LES CONFRÉRIES BRETONNES

Leur origine, leur rôle, leurs usages & leur influence

SUR LES MŒURS AU MOYEN AGE

S'il est vrai que les mœurs font les lois d'un peuple, on peut bien dire avec autant de vérité que ce sont les croyances et les habitudes qui forment son tempérament. A ce point de vue l'étude de nos institutions religieuses présente un intérêt prédominant, car sans elles il me paraît difficile d'expliquer clairement les origines de notre état social. L'exemple que j'emprunte aux confréries nous montrera qu'il est plus d'une observation curieuse à recueillir dans cet ordre d'idées.

Parmi les dogmes nouveaux que le Christianisme est venu apporter au monde, il en est un qui me semble avoir favorisé plus efficacement que les autres sa mission civilisatrice : c'est celui de la fraternité humaine. La plupart des dogmes ont élevé le niveau de la moralité, mais celui-ci a contribué surtout à la formation de l'état social qu'on nommait jadis la *chrétienté* et à l'unification de cette société chrétienne d'où dérive la nôtre.

Au moment où le Christianisme a fait son apparition au grand jour, où il lui a été permis de proclamer ses doctrines sur les places publiques, les éléments qui composaient la nation française étaient très-disparates. Notre pays n'offrait qu'un a blage confus de peuples barbares et à demi civilisés, plus sés à se faire la guerre qu'à se donner la main. Il s'agissai seulement d'apaiser les haines, de suspendre les vengeances seigner la clémence, de réconcilier des ennemis, mais enc créer des rapports d'amitié entre des hommes profon différents de race, de caractère et de condition.

Les apôtres de l'Evangile se jetèrent courageusement au de la mêlée, et par des efforts réitérés pendant des siè atteignirent si bien le but, que de ces races naguère indon violentes et vindicatives, ils obtinrent le respect des faible pardon des injures. Il ne faut pas s'étonner que le Christi ait remporté un succès si merveilleux.

L'Eglise catholique qui en propage les doctrines n'est pa lement un corps enseignant, renfermé dans les abstraction théologie et livré aux spéculations pures. C'est aussi un co vant, militant, actif, animé d'un ardent prosélytisme, am de régner sur les intelligences, toujours prêt à encoura nouvelles applications de ses dogmes et profondément vers la connaissance de la nature humaine. Pendant que ses a combattaient la barbarie de leurs prédications, ses do affermissaient la conquête en agissant sur les mœurs par d titutions nouvelles.

L'arme triomphante dont s'est principalement servie l pour étendre son règne c'est l'association, et on peut di nul mieux qu'elle n'a su employer ce rapide moyen d'exp Elle lui donna mille formes ingénieuses pour le mettre à la de toutes les conditions et l'adapta si bien à tous les besoi l'Europe se couvrit de congrégations d'hommes et de f d'ordres de milice, de chevalerie, de charité, de corporati de confréries innombrables. Le complet épanouisseme Christianisme qui eut lieu au moyen âge coïncide préci avec l'époque du plus grand développement des associatio

Deux immenses confédérations se partageaient alors le r A côté de la féodalité, qui maintenait l'unité dans la soci vile, il y en avait une autre non moins bien organisée, celle de la société religieuse qui, par une succession de cercles concentriques, enveloppait sous la tutelle maternelle de l'Eglise tous les fidèles attachés à la foi chrétienne.

Pour nous rendre compte de ce fait important entrons encore plus avant dans notre sujet et voyons comment se sont formés les divers groupes de cette confédération. Il y a dans le symbole de la foi chrétienne un ensemble de dogmes qui pousse invinciblement les croyants à se rapprocher les uns des autres. On leur enseigne que non-seulement ils descendent d'un même père, mais encore que la race humaine forme une immense famille destinée à revivre après la mort dans un monde meilleur ou pire, suivant la conduite de chacun, que l'expiation des fautes est une nécessité inévitable, que les mérites de tous les hommes constituent un trésor commun dans lequel ils peuvent puiser pour racheter la disgrâce de leurs frères coupables, et que les supplications de l'innocent ont le pouvoir de faire fléchir le courroux du juge suprême. Une religion fondée sur ces principes devait nécessairement enfanter beaucoup de confréries pieuses et exciter une grande émulation parmi les associés.

Il est inutile d'ajouter que leur nombre a toujours été en rapport direct avec les progrès et la décadence de la foi aux différents âges de notre histoire. Si le moyen âge a vu éclore plus de confréries qu'aucune autre époque, c'est qu'il n'est pas de génération qui ait été plus préoccupée de la vie future et plus tourmentée de la crainte des châtiments éternels.

Cette appréhension se trahit dans tous les actes du temps. Rédiger un testament sans stipuler la quantité de cierges qui brûleraient au service funèbre, le nombre de pauvres qui seraient convoqués et la série de messes qui seraient célébrées, eût été une énormité. Un juge qui condamnait à la peine capitale, manquait rarement de fixer la somme qui serait distribuée aux pauvres invités à prier Dieu pour le coupable ([1]).

([1]) *Arch. de la Loire-Inférieure*, série E, 502.

Dans le Midi, à Limoges notamment, on voyait (1) des laïques réunis en société, qui par esprit de pénitence faisaient profession d'assister les pauvres, les malades, les prisonniers, les condamnés à mort et de rendre à ceux-ci les derniers devoirs. Dans leurs cérémonies, ils se couvraient d'un sac grossier, marchaient pieds nus avec une torche à la main.

Tous ces préliminaires posés, on ne s'étonnera plus que dans certaines provinces, comme la Bretagne, par exemple, les associations entre gens de métier aient pris elles-mêmes le titre de *confrérie* et en aient eu tous les caractères religieux. Il y a une parenté si évidente entre ces deux institutions que certains esprits ont pu croire que les corporations procédaient des confréries. Cette opinion n'est elle pas plus vraisemblable que celle qui les fait (2) remonter aux mœurs romaines ?

Il était d'usage dans le christianisme de choisir un patron parmi les saints, de l'honorer plus particulièrement que les autres et de lui rendre un culte assidu pour mériter sa protection. Les gens de métier ont naturellement choisi le saint dont l'existence avait été la plus semblable à la leur, et il n'est pas déraisonnable de croire que dans le cours des cérémonies religieuses qui les rassemblaient et dans l'exercice des devoirs pieux qu'ils se rendaient mutuellement entre confrères, ils aient puisé l'idée de créer des corporations civiles sur le même modèle.

D'où pourrait venir l'inspiration de s'entr'aider par des secours mutuels sinon de la conformité des croyances, des goûts et des espérances? Le principe de la mutualité des secours se trouve inscrit dans les statuts de nos plus anciennes corporations bretonnes, mais il est facile de voir à quelle source elles l'ont emprunté. Les cordonniers de Lannion, qui, dès 1442, vivaient en *confrérie*, avaient établi dans leur charte d'association que tout

---

(1) *Magasin pittoresque*, 1876, p. 25 et 26.

(2) C'est l'opinion d'Aug. Thierry. Voyez les considérations sur l'histoire de France qui précèdent les *Récits mérovingiens*, chap. VI, p. 277 de l'édition Garnier, 2 vol. in-12.

confrère, infirme ou malade, aurait droit à un secours de 6 deniers par semaine et qu'on l'aiderait même à payer les dettes involontaires qu'il aurait contractées ([1]). En échange, chaque nouveau marié payait une offrande de 5 sous à la confrérie ; il était obligé d'inviter les frères et sœurs à sa noce et de servir à chaque convive un pot de vin avec un marc de chair ou de poisson, suivant le temps.

Les mariniers et négociants armateurs de Lannion, qui s'étaient aussi constitués en *confrérie* vers la même époque (1484), sous le patronage de saint Nicolas, non-seulement partageaient en commun les risques et périls de chaque armement, mais encore se montraient compatissants envers leurs confrères indigents.

« Item, disent leurs statuts, aussi ont ordonné lesdits frères que si nuls desdits frères ou seurs viendroient en mendicité ou pouverté, qu'ils n'auroient de quoi vivre ne se gouverner, que dessus les deniers de ladicte fraerie leur soit payé par lesdits abbés, si le cas leur advient par fortune et sans leur coulpe, desmérite, ne maulvès gouvernement, à chacun sept deniers chacune sepmaine pour avoir du pain avecques une robbe l'an, jusques à la valleur de 20 sols monnoie. Et en cas qu'ils seroient en censures de saincte Eglise ou santance d'excommunie pour faulte de payer leurs créditeurs et leurs debtes, ils seroient aidez, si ladicte debte n'est advenue par leur maulvès gouvernement, comme devant, jusques à cinquante sols chacun ([2]). »

On ne peut pas supposer que ces marchands et mariniers se soient tout d'abord associés pour se protéger mutuellement contre la ruine ; ils ont pris soin de nous instruire de leur dessein dans le préambule même de leurs statuts. C'est une pensée pieuse qui les a guidés. Ils se sont réunis en corps « afin de prier Dieu pour » eulx et leurs amis trépassés et au tems advenir que Dieu les » veille préserver et garder eulx, leurs biens, navires et mar- » chandises par mer et par terre. »

Un siècle auparavant, il existait des confréries exclusivement

---

([1]) *Précis de l'histoire de Lannion*, par Lecerpron de Carfort, p. 16 et 17.

([2]) *Revue de Bretagne et de Vendée*, numéro de septembre 1868, p. 161. Statuts publiés par M. Ropartz, qui en possède l'original.

religieuses qui avaient adopté déjà le principe de la mutualité des secours ; je puis au moins en citer deux avec certitude : c'est d'abord la confrérie de Saint-Pierre et de Saint-Paul de Nantes. Voici ce qu'on lit dans ses statuts, rédigés lors de sa restauration, en 1397 :

« Item toutefois et quant il aviendra auchun desdits frères estre malade, est ordrené que les autres frères seront tenus le visiter et conforter et caritativement l'inducer au salut de son âme.

» Et si auchunement estoit si indigent et besoigneux que il ne eust dont se peust vivre ou procurer sa santé, les auttres frères, chescun selond sa volunté, seront tenuz luy aider ainsi come l'un frère est tenu faire pour l'autre ([1]).

Les statuts de la confrérie de Saint-Nicolas de Guérande, qui s'adressaient à des associés de diverses conditions comme les précédents, ne sont pas moins formels. Non-seulement ils prescrivent, en 1350, le devoir de l'assistance mutuelle, mais encore ils recommandent aux membres de la confrérie de se défendre l'un l'autre jusqu'à la mort contre tout agresseur étranger. Voyez plutôt les termes eux-mêmes de l'acte :

« Item se entredevent lesdits frères garder et deffandre l'un l'autre en tous cas à vivre et à morir contre tous étranges, sauve seingnorie et lingnage ([2]). »

Le dévouement qu'on demandait des confrères de Saint-Nicolas de Guérande ne devait pas se borner à de superficielles démonstrations et à des témoignages passagers de fraternité. Il y avait obligation pour eux, suivant leurs statuts de 1350, de s'entr'aimer, de se garder foi et loyauté et de se faire des signes de reconnaissance en tous lieux. Ceux qui méditaient du mal contre leurs frères ou n'évitaient pas les occasions de plaider contre eux en justice, étaient blâmés et bannis. Tout bon associé, en cas de

---

([1]) Le texte entier de ces statuts est publié à la suite de ce préambule.

([2]) *Revue de Bretagne et de Vendée*, 1874. vol. II, p. 10. Statuts publiés par M. Jégou.

désaccord, devait s'en rapporter à l'arbitrage de [1] douze juges choisis parmi les membres de la confrérie. La charité chrétienne seule pouvait inspirer des prescriptions empreintes d'une cordialité semblable.

Aussi quand je retrouve dans les corporations de métier, comme dans les confréries, la même générosité de cœur, un penchant égal pour la solidarité, une pareille prédilection pour la conciliation, je ne puis m'empêcher de leur assigner aux unes et aux autres une commune origine [2].

Je sais que j'ai contre moi l'autorité d'un historien du plus grand savoir, celle d'Augustin Thierry. J'en serais ébranlé dans mes convictions si cet auteur avait montré moins d'hostilité systématique dans ses appréciations sur le rôle de l'Eglise catholique dans le monde.

Pour expliquer l'origine des confréries, Augustin Thierry remonte jusqu'aux mœurs des Scandinaves, invoque leurs festins funèbres à frais communs nommés *ghilde*, en français association, le serment de protection mutuelle que se prêtaient les convives, leurs promesses d'appui, le patronage des héros qu'ils adoptaient, l'élection de leurs chefs, leurs rites, l'extension de leur fraternité et prétend que les Germains apportèrent en Gaule ces pratiques de la religion d'Odin, qu'ils les conservèrent après leur conversion au Christianisme, et qu'en fondant leurs confréries les Francs

---

[1] « Et au cas où ils auroint à faire l'un contre l'autre ils devent venir » devant le esleu de ladite confrarie. Lequel esleu o délibéracion et conseil » eu o doze des plus souffisanz de ladicte confrarie doit faire bonne acordance » entre eux et lour tenir bon dret (*Ibid*) » On retrouve l'arbitrage d'un nombre égal de juges dans la charte communale de la ville d'Aire, en Artois (*Considérations sur l'histoire de France,* Aug. Thierry. Preuves).

[2] En 1402, Guillaume et Louis de Sévigné, Jean de la Frette, Robert d'Epinay, Jean de Domagné, Guillaume Arthur, Jean Brunel, tous chevaliers des environs de Rennes, se concertèrent pour fonder une confrérie en l'honneur de la Vierge dans l'église d'Argentré. Les associés promettaient de vivre ensemble dans la plus sincère amitié, de défendre l'opprimé et de se soutenir respectivement (D. Morice, *Hist. de Bretagne,* pr., t. II, col. 726).

n'auraient eu qu'à substituer l'invocation des saints à celle des dieux (1).

Augustin Thierry me semble tomber ici dans une double illusion. Si l'on admettait sa théorie, il faudrait supprimer de l'histoire la période des invasions barbares et le cataclysme moral qui en a été la conséquence. Il raisonne comme s'il y avait eu transmission régulière d'institutions entre le monde ancien et le monde nouveau; or, il est bien avéré qu'aucune époque n'a été plus déréglée, plus bouleversée par les divisions, plus ébranlée dans ses habitudes par le scepticisme qu'engendre l'anarchie universelle.

Sans doute les peuples barbares eux-mêmes ont connu l'association, mais il faut voir comment ils l'ont pratiquée et où elle les a conduits. L'immobilité morale dans laquelle ils sont restés montre assez qu'entre leurs mains ce principe n'était autre chose qu'une forme vaine de cérémonial et un instrument de coalition contre la force brutale et la tyrannie. C'est ici la seconde illusion de notre auteur.

En allant au fond des choses, il aurait vu qu'il y a dans les associations du moyen âge des différences qui les séparent radicalement des institutions qu'il invoque. Sans parler d'autres traits distinctifs, l'esprit de charité et d'émulation qui anime les premières les place bien au dessus des usages païens. L'Église catholique a trouvé chez nos pères l'instinct impérissable de l'association refoulé dans les cœurs à l'état latent par le mélange des races (2), elle l'a réveillé et s'en est servie au profit de la diffusion de ses doctrines, non plus seulement pour assurer une

---

(1) Aug. Thierry s'est longuement étendu sur les ghildes et leur influence dans le chapitre VI de ses *Considérations sur l'histoire de France.*

(2) « Dans la Gaule, ce fut autre chose : dans ce pays, où deux races d'hommes, l'une victorieuse, l'autre vaincue, se trouvaient en présence avec des institutions, des lois, des mœurs qui se repoussaient mutuellement, où il y avait de si grandes diversités d'origine et de conditions, où les hommes étaient froissés de tant de manières les uns par les autres, les ghildes ne furent que des instruments de désordre, de violence et de rébellion. » Aug. Thierry, *Récits des temps mérovingiens,* considérations, chap. VI, p. 250.

réciprocité de services à ses fidèles, mais encore pour opérer plus sûrement l'amélioration des mœurs.

Augustin Thierry attribue aux *ghildes* scandinaves une action bien plus étendue, il en fait le principe générateur de toutes les associations franques formées sous la foi du serment et des municipes fondés au nord de la Loire. Je n'entrerai pas dans l'examen de ce système très-discutable; je lui reprocherai seulement de ne pas avoir apporté de preuves à l'appui des renseignements qu'il nous fournit sur les *ghildes* barbares.

Il avance que les affiliés des sociétés scandinaves s'entr'aidaient comme des frères, je le concède; mais il ajoute qu'ils s'assistaient dans tous les accidents de la vie, et peint les *ghildes* comme des sociétés de secours mutuels. J'ai en vain parcouru les pièces justificatives de son livre; je n'y ai pas trouvé la moindre confirmation de cette théorie hasardée. Il était cependant indispensable de mettre ce point capital hors de doute. Tous les documents cités viennent au contraire appuyer mes inductions et démontrent que le Christianisme avait fait sentir son influence même parmi les sociétés formées chez les Danois et les Anglo-Saxons avant le XIIIe siècle.

Je relèverai encore un aveu qui est favorable à ma thèse : Aug. Thierry reconnaît qu'au milieu de la confusion des races qui peuplaient la Gaule aux époques mérovingienne et carlovingienne, les *ghildes* « ne furent que des instruments de désordre, de violence et de rébellion. »

Par quel miracle ces éléments de discorde ont-ils pu donner naissance à des associations pacifiques, telles que les confréries chrétiennes, animées de l'esprit de concorde et appliquées aux œuvres de charité? Quelle est donc la force morale qui a pu opérer cette transformation étonnante? Ce ne sont pas les prohibitions des capitulaires de Charlemagne, car la répression n'a jamais rien vivifié, elle ne fait que détruire.

Aug. Thierry n'a pas voulu appeler le Christianisme à son aide, et cependant sans lui le problème est insoluble. Lui seul était capable d'écarter la discorde des assemblées profanes et de convertir les esprits à la bienveillance mutuelle.

Le seul trait de ressemblance qui pourrait rattacher les confréries du moyen âge aux rites païens, c'est l'usage des repas en commun. Est-ce là un motif suffisant pour établir une parenté? Non. Autant vaudrait soutenir que l'homme n'est pas poussé vers son semblable par un élan irrésistible et nier qu'il ait soif de vivre en société. On sait que rien ne favorise plus l'union et l'entente parmi les hommes, que de les faire asseoir à la même table et de leur partager la même nourriture. Il eût donc été déraisonnable de combattre les repas en commun. Cet usage étant fort répandu, il fallait le conserver, surtout dans les confréries, en veillant seulement sur les déréglements qui pouvaient en découler. Le clergé n'a jamais entrepris de changer les penchants légitimes de la nature humaine, il s'est borné seulement à les diriger.

Dans les canons du concile tenu à Nantes en 658, on peut lire en quels termes énergiques les abus de cette nature étaient condamnés par les ministres de l'Evangile. En voici la traduction à l'appui de ma thèse ([1]).

« Art. XV. Quant aux réunions ou confréries qu'on nomme asso-

---

([1]) De collectis, vel confratriis quas consortia vocant sicut verbis monuimus et nunc scriptis expressè præcipimus, ut tantum fiat, quantum rectum ad auctoritatem et utilitatem atque ad salutem animæ pertinet.

Ultra autem nemo, nec sacerdos, neque fidelis quisquam in parrochia nostra progredi audeat, id est : ut in omni obsequio religionis, videlicet in oblatione, in luminaribus, in orationibus mutuis, in exequiis defunctorum, in eleemosynariis et ceteris pietatis officiis.

Pastos autem et commessationes quas divina auctoritas vetat, ubi et gravedines et indebitæ exactiones et turpes ac inanes lætitiæ et rixæ sæpe etiam, sicut experti sumus, usque ad homicidia et odia et dissensiones accidere solent, adeo penitus interdicimus, ut qui contra hoc decretum agere præsumpserint, si presbyter fuerit, vel quilibet clericus, gradu privetur : si laïcus est, aut femina, ab ecclesia usque ad satisfactionem separetur.

Conventus autem talium confratrum, necesse si fuerit ut simul conveniant, aut fortè aliquis contra parem suum discordiam habuerit, quem reconciliari necesse sit, et sinè conventu presbyterorum et ceterorum esse non possit, post peracta illa quæ Dei sunt et christianæ religioni conveniunt et post debitas admonitiones.

ciations, nous rappelons ici par écrit ce que nous avons prescrit de vive voix. Il ne faut en user qu'autant qu'elles peuvent être utiles et salutaires à l'âme.

» Que cette réserve soit observée par les prêtres comme par les fidèles de notre juridiction en toute occasion, c'est-à-dire dans la pratique de tous leurs devoirs de piété, dans les offrandes, dans les prières communes, aux services funèbres et dans l'exposition des cierges.

» Quant aux repas et festins que l'autorité divine réprouve, où se commettent tant d'exactions injustes, où les joies honteuses et frivoles s'étalent, où les rixes vont souvent jusqu'à l'homicide, où naissent les dissensions et les haines, comme nous en avons vu tant d'exemples, nous les interdisons complétement. Si un prêtre ou un clerc ose enfreindre cette défense, qu'il soit privé de ses fonctions, et si le coupable est laïque, qu'il soit exclu de l'église, jusqu'à la réparation de sa faute.

» Si les réunions des confréries sont indispensables ou s'il arrive qu'il y ait lieu de réconcilier un frère en désaccord avec un autre et qu'on ne puisse le faire sans réunir des prêtres ou d'autres personnes, nous autorisons ces assemblées après l'accomplissement des devoirs religieux et les avertissements ordinaires.

» Si les convives se rassemblent (¹) uniquement en vue d'entretenir des rapports d'amitié et de fraternité entre eux, nous le permettons, mais à la condition que la réserve, la tempérance, la sobriété et la concorde régneront dans le repas, comme il convient dans une réunion de frères, et qu'ils y rendront grâces à Dieu pour édifier leurs frères et honorer Dieu (²). »

(¹) Si contigerit ut veræ caritatis et fraternæ invicem consolationis omnes ad refectionem conveniant, sic talia fieri permittimus, ut servata modestia, et temperantia et sobrietate pacisque concordia, sicut fratres decet, in ædificationem fraternitatis et laudem et gloriam Dei et gratiarum actiones fiant. (*Hist. de Bretagne*, DOM MORICE, Pr. t. I, col. 218.)

(²) On voit, par les défenses portées dans les canons d'autres conciles des XII, XIII, XIV XV et XVIe siècles, que certaines associations imposaient un serment aux affiliés. L'Eglise s'éleva toujours contre cet usage pour écarter toute occasion de parjure. — Labbe. *Collection des conciles*, t. XI, t. XII et t. XIV.

Les évêques furent plus d'une fois dans la nécessité de rappeler les membres des confréries à l'observation de ces sages conseils; les libations bruyantes, les défis, les paris et la bonne chère étaient chez nos aïeux les passe-temps favoris. Je veux croire que certaines compagnies savaient imiter la frugalité qui distinguait les agapes fraternelles des chrétiens de la primitive Eglise, mais étaient-elles les plus nombreuses en tous temps? Il est permis d'en douter quand on a lu les chroniqueurs et les satiriques (¹). Malgré les anathèmes répétés du clergé, les abus renaissaient sans cesse.

Les festins plantureux devinrent tellement à la mode chez certaines corporations, qu'on les citait en proverbe comme des repas pantagruéliques, et le nom de frairie, qui n'est que le diminutif de confrérie, devint un terme habituel pour désigner les réunions des joyeux compagnons qui aimaient la bombance. Aller à la frairie ou faire ripaille étaient synonymes. La Fontaine nous en a conservé le souvenir dans sa fable du *Loup et de la Cigogne :*

Un loup donc étant de frairie,
Se pressa, dit-on, tellement
Qu'il en pensa perdre la vie.

On ne connaît guère en Bretagne de confrérie de piété ou de métier fondée au moyen âge qui n'ait eu son dîner. Je dis au moyen âge, car dans les statuts rédigés après la Renaissance on remarque l'absence de tout article relatif au banquet. Chez les Bretons comme ailleurs, le repas annuel, qui rassemblait tous les membres d'une association à la fête du patron, tenait une grande place parmi les réjouissances du jour. Dans la crainte d'oublier ce détail important, les confrères de Saint-Nicolas de Guérande le placent en tête de la rédaction de leurs statuts.

« C'est l'establissement de la confrarie Monsieur saint Nicolas, » laquelle confrarie est establie à estre assemblée par les frères » d'icelle à jouer et digner le jour de la translacion dudit saint au » moays de may (²). »

(¹) Voyez l'Estoile et Rabelais.
(²) Ibidem ut supra.

Le plaisir n'était cependant pas le but unique de cette compagnie, mais les associés tenaient beaucoup à ce que leurs réunions ne fussent pas moins joyeuses que les autres.

A Vannes, la très-ancienne confrérie de Toussaint, restaurée en 1414, qui se composait exclusivement de prêtres et de clercs, avait aussi son repas fraternel. Il devait avoir lieu, suivant les statuts, dans un lieu convenable, en silence et accompagné d'une lecture pieuse, afin d'écarter toute occasion de scandale ([1]).

La confrérie du même nom qui, à Nantes, présidait au gouvernement de l'aumônerie de Toussaint, convoquait tous ses membres ([2]), frères et sœurs, à dîner ensemble le dimanche qui suivait la fête de la Toussaint, et il y avait obligation pour eux de s'y rendre sous peine de payer, outre leur écot, une amende de deux livres de cire. A Guingamp ([3]) la confrérie blanche, qui était celle des *disciples de Notre-Seigneur Jésus-Christ*, imposait une amende de 2 sous 6 deniers à quiconque se dispensait d'assister au repas, sans excuse valable notifiée huit jours auparavant aux abbés. A Lamballe, les parcheminiers allaient au repas de frairie avec leurs femmes, le dimanche après la Saint-Nicolas d'été, et quiconque y manquait était taxé à une livre de cire ([4]).

Dans les statuts de la confrérie de Saint-Pierre et de Saint-Paul de Nantes, dont je donnerai plus loin le texte, on trouve également des articles regardant le dîner. Il y est dit que les confrères

---

([1]) Item quod omnes confratres dicte confratrie existentis in civitate et villa venetensi vel infra tres leucas a civitate illa die comedent insimul et in eodem prandio et loco honesto cum silentio et sine scandalo. (*Liv. des délib. de la confrérie de Toussaint*, f°s 48, 50, arch. du Morbihan, série G.)

([2]) Nous ne connaissons que deux confréries qui aient formellement exclu les femmes : ce sont celle de Saint-Nicolas de Guérande et celle de Saint-Pierre et Saint-Paul de Nantes ; encore celle-ci les admettait-elle à l'origine avant sa réforme de 1397.

([3]) *Revue de Bretagne et de Vendée*, t. X, p. 43-46, art. x des statuts publiés par M. Ropartz.

([4]) Trésor des chartes des ducs de Bretagne. E 88, arch. de la Loire-Inférieure.

s'assembleront dans une maison voisine de l'église, que la table sera servie sans superfluité de viandes et que les malades seuls seront autorisés à retirer leur part. Quant à ceux qui exciteront des rixes pendant le repas, dit l'article XVI, ils seront passibles d'une amende de 12 deniers.

Parmi les confrères de Saint-Nicolas de Guérande, il était convenu que tous ceux qui soulèveraient des disputes à table ou qui se querelleraient après le repas paieraient un jalon de bon vin à chacun des convives.

A Vannes, il n'en coûtait que 6 deniers, dans la confrérie de Toussaint, à quiconque manquait aux lois de la bienséance.

La bourse commune, qui presque toujours bénéficiait des infractions à la règle, tirait non moins de profits des droits qui se percevaient sur les associés le jour de leur admission ou de leur sortie. Les dignitaires, les chapelains et les choristes de la cathédrale de Nantes qui se présentaient à la confrérie de Saint-Pierre et de Saint-Paul payaient 2 francs d'or et deux livres de cire, tandis que les simples gens d'église et les séculiers payaient 4 francs d'or et quatre livres de cire.

La confrérie de Toussaint de Nantes exigeait à l'entrée une livre de cire avec un doublet, et à la sortie deux livres de cire ; celle de Toussaint de Vannes une livre de cire avec 20 sous à l'entrée, un écu d'or et une livre de cire à la sortie ; la frérie blanche de Guingamp une livre de cire pour l'entrée, et une demi-livre pour la sortie. D'autres, comme celle de Saint-Nicolas de Guérande, fixaient la taxe de bienvenue suivant la condition du nouvel arrivant, et de plus l'obligeaient à offrir à chacun de ses confrères un pain et un jalon de bon vin. A chaque enterrement, il était d'usage d'offrir aussi quelques deniers à la quête qui se faisait pendant l'office pour couvrir les frais de luminaire.

Il y avait une multitude de cas dans lesquels les confrères étaient exposés à payer de leurs deniers leur négligence ou leurs omissions. Presque toutes les prescriptions des statuts étaient obligatoires sous peine d'une amende en argent ou en cire exigible dans les huit jours. Manquer aux offices de la veille et du jour de la fête du patron, troubler le chant, vagabonder dans l'église, négliger d'assister au service funèbre d'un confrère ou à son enterrement, s'absenter d'une procession, renverser de la cire sur un voisin, étaient autant de contraventions graves qui toutes étaient frappées d'une pénalité.

Les confréries possédaient généralement autre chose que le produit éventuel de ces amendes et de ces offrandes. Leurs ressources se composaient aussi de rentes constituées ou foncières et de biens fonds qu'elles tenaient de la générosité de leurs associés. Quand un personnage important se faisait admettre, il avait toujours soin de marquer son passage par une offrande mémorable. Les unes recevaient en don une maison [1] pour tenir leurs assemblées, les autres une chapelle pour y célébrer leurs offices. On cite même une confrérie du Saint-Esprit de Saint-Malo qui avait un fief et une juridiction.

Les moins riches, et celles-ci étaient les plus nombreuses, se contentaient de choisir un autel dans une église paroissiale et y mettaient l'image de leur patron. Toutes avaient un matériel volumineux qui leur était propre. Outre le luminaire, qui remplissait plus d'une huche, chacune possédait des habits sacerdotaux pour son chapelain, des habits de cérémonie pour les dignitaires, un drap mortuaire, un coffre pour les archives, des bannières, des statues et tout l'appareil des pompes funèbres.

Ce n'est pas sans raison que la cire figure si souvent dans les amendes infligées aux associés négligents. La consommation des cierges constituait la plus grosse dépense des confréries et on comprendra bientôt pourquoi. Nos aïeux aimaient la mise en scène, l'effet majestueux, la grandeur et la pompe des cérémonies religieuses ; aussi faisaient-ils tous leurs efforts pour ajouter à leur éclat par l'appareil des lumières. Les processions se répétaient

---

[1] Jean de Mortefouasse, capitaine de Saint-Malo, donna en 1376 à la confrérie de Saint-Jean de cette ville une maison qu'on nommait l'*abbaye Saint-Jean* et où se tenaient les réunions. (Dict. de Bretagne. Ogée, art. Saint-Malo.)

aux moindres fêtes et chaque confrérie s'empressait de s'y rendre, rivalisant de zèle avec les autres associations de sa paroisse pour y faire bonne figure par la beauté des costumes et la grosseur ou la longueur des cierges. Dès la veille de la fête du patron de la confrérie, son autel resplendissait de lumières, et le jour de la solennité, les associés défilaient en longues processions, un cierge à la main, autour de l'église et dans les rues.

Quelques détails montreront jusqu'où nos aïeux portaient le goût du pittoresque ([1]). A Guérande, les frères de Saint-Nicolas montaient à cheval après la messe, s'en allaient avant le dîner faire une promenade en dehors de la ville et revenaient avec des branches de feuillages ou de fleurs et terminaient leur divertissement par la représentation d'un événement quelconque de leur cité, qu'un des acteurs racontait en vers. A Saint-Malo, les *frères blancs* de la noble confrérie établie en l'honneur de la nativité de saint Jean-Baptiste portaient encore, au XVIIIe siècle, le costume historique qui leur avait été donné par un prince du XVe siècle très-dévoué aux confréries. Le duc Jean V, se trouvant à Saint-Malo pendant les cérémonies du 24 juin, voulut y participer, et en souvenir de son passage il permit aux associés de prendre l'habillement dont il s'était paré, les hermines exceptées. Depuis ce temps-là, ils portaient le baudrier ducal et une médaille à son effigie ([2]). C'est le même prince qui, en s'inscrivant sur le registre de la confrérie noble de Toussaint de Nantes, lui avait concédé une voie d'eau sous les ponts, pour établir un moulin, avec un droit de pêche ([3]).

([1]) Item devent lesdits frères aler touz à cheval par chacun an a matin amprés la messe le jour de ladicte feste hors la ville le plus coitement que ils pourront et retourner en la ville o branches de foilles et de fleurs et faire hystoires d'aucunes choussez pour esbatement avant aler digner. — (*Revue de Bretagne et de Vendée*, 1874, 2 sem., p. 9.)

([2]) *Dict. de Bretagne.* Ogée. vol. II, p. 783-784.

([3]) Le duc François II et la duchesse son épouse n'étaient pas moins dévoués aux confréries. C'est à leur requête que le pape Sixte IV daigna confirmer le rétablissement de la confrérie du Psautier de la Vierge en 1479. *Revue des provinces de l'Ouest,* t. VI, p. 129 et 271. La duchesse Anne était associée de la confrérie de la Véronique, fondée à Nantes.

Quand un confrère mourait, la dépense de luminaire n'était pas moins considérable qu'aux jours de réjouissance; car chaque association se chargeait des funérailles de ses membres défunts. L'office de faire cortége aux morts jusqu'à leur dernière demeure et de leur rendre les suprêmes devoirs était autrefois regardé comme l'attribution naturelle des confréries, tellement qu'elles furent longtemps en possession exclusive des pompes funèbres. Il n'entrait pas dans les habitudes qu'un enterrement noble, bourgeois ou roturier, pût s'accomplir sans leur concours. Parmi les avantages qu'offraient les confréries, celui-ci n'était pas le moins apprécié; on peut même dire que, pour beaucoup d'associés, c'était leur principal attrait et on va le comprendre.

Quand un membre d'une confrérie tombait malade, ses confrères ne manquaient jamais de venir le visiter, le consoler, le secourir s'il en avait besoin, et même de veiller sur sa dépouille mortelle après sa mort. Aussitôt qu'un décès survenait, le bedeau de la confrérie parcourait les rues de la ville une clochette à la main pour avertir les associés de l'heure du service et les inviter à prier Dieu aux vêpres des morts chantées pour le défunt. Au jour fixé pour l'inhumation, les confrères allaient au domicile chercher le cercueil et se disputaient le privilége de le porter soit à l'église, soit au cimetière. La fraternité allait même au delà du tombeau : car après le service solennel célébré aux frais de tous, chacun était encore obligé, de son côté, de faire dire une messe basse, parfois haute ([1]), pour le repos de l'âme de son confrère.

Dans la confrérie de Saint-Nicolas de Lannion, qui était, je l'ai dit, une association surtout commerciale, le chapelain célébrait trois messes par semaine pour tous les défunts et on assurait douze messes à chaque membre décédé en particulier.

Le cierge jouait un grand rôle dans toutes ces cérémonies

([1]) Auquel mort chacun frère vif de ladite confrarie doit faire *chanter* une messe de *requiem*... Et li feront dire vigilles de morts sur le corps et l'iront querre. (*Statuts de Saint-Nicolas de Guérande*, Ibid.)

funèbres (¹), aussi tous les statuts entrent dans des détails très-circonstanciés sur la manière dont il faut l'employer, jusqu'où, comment et par qui il doit être porté et en quels lieux il doit être placé, à quel moment il faut l'éteindre et l'allumer. Sous ce rapport, le règlement de la confrérie de Saint-Pierre et de Saint-Paul de Nantes ne laisse rien à désirer; je me contenterai de citer celui de la *frérie blanche* de Guingamp, art. XVIII :

Item il est ordonné qu'il y aura 4 pillets de cire, lesquels pèseront chacun 4 livres et aussi y aura 2 torches, dont en chacune torche il y aura 6 livres de cire et seront pris des deniers que l'on exigera des frères et sœurs de ladite frérie, auxquels seront taux et amendes ordonnés par la plus saine et maire voix de la dite frérie le jour du service.... Et auront lesdits abbez la garde et gouvernement desdits pillets et torches, et pour voir peser ladite cire, les abbez appelleront trois desdits frères, sçavoir deux prêtres et un des bourgeois de ladite ville et seront tenus de les admistrer ès amis du trépassé, quand viendra à faire son service ès lieux ci-dessus assignés (²).

A Vannes, il existait une confrérie dite des Trépassés (³), qui était ouverte à tout le monde sans distinction de lieu, ni d'origine, et dont le but unique était d'assurer des prières aux morts. Moyennant 20 deniers par personne, on pouvait inscrire sur le *memento* tous ses parents et ses amis.

A la grand'messe qui était célébrée le lundi de chaque semaine, on faisait mémoire de tous les membres décédés dans la semaine précédente. De plus, trois fois la semaine, à l'heure de minuit, le bedeau de la confrérie parcourait les rues en sonnant une clo-

(¹) On croyait honorer d'autant plus un saint qu'on lui offrait un cierge plus gros et plus long. Quand la municipalité de Nantes alla implorer en 1501 saint Sébastien, pour écarter le fléau de la peste, elle emporta une chandelle aussi longue que l'enceinte de la ville, qui pesait 20 livres un quart et mesurait 200 brasses. (Travers, *Hist. de Nantes*, t. II, p. 254.)

(²) *Revue de Bretagne et de Vendée*, t. X, p. 43, 46.

(³) *Arch. du Morbihan*, série G. statuts rédigés en 1543.

chette, et à chaque carrefour invitait les vivants à prier Dieu pour le repos des trépassés ([1]).

Tout le moyen âge se peint par ce dernier trait. La pensée de l'autre vie le dominait sans cesse, comme la crainte des expiations d'outre tombe, aussi toutes ses institutions en portent l'empreinte originale. Les associations qui, en apparence, étaient les plus éloignées des soucis du tombeau, n'oubliaient pas plus que les autres leurs membres défunts, et faisaient chanter au moins une messe solennelle de *requiem*, chaque année le lendemain de leur fête. Ainsi les associés de la *Contractation* de Nantes ne manquèrent jamais à ce devoir depuis leur établissement, qui remonte bien avant le XVe siècle, jusqu'à leur dissolution en 1733, et cependant le but de leur confrérie, composée en grande partie d'Espagnols et de négociants nantais, était surtout de garantir aux affiliés certains priviléges commerciaux tant en France qu'en Espagne ([2]).

Mais, dira-t-on, la fraternité, telle qu'on l'exerçait ordinairement dans les confréries, ne sortait pas d'un cercle restreint, elle ne rapprochait que des hommes de même situation disposés à s'entendre, et ne favorisait pas la fusion des rangs. Pouvait-il en être autrement à une époque de hiérarchie sociale, à la suite de commotions qui avaient divisé la société en vainqueurs et vaincus?

Et puis cette objection n'est pas complétement exacte. Si tous les rangs ne se sont pas confondus dans les assises des confréries, il n'en est pas moins vrai qu'on a vu groupés sous la même bannière le noble, le prêtre et le bourgeois. Que pouvait-on de-

---

([1]) En 1487, l'évêque de Nantes ordonna, pour répondre au vœu des gens pieux, d'établir à Nantes et dans chaque bourg du diocèse un crieur public qui aurait mission de sonner une clochette vers minuit et d'inviter à haute voix les fidèles à prier pour les défunts. Au XVIIIe siècle, la frairie de la Véronique de Nantes avait encore un brelleur qui, à certains jours de l'année, remplissait le même office. (Travers, *Hist. de Nantes*, t. II, p. 233.)

([2]) Charles VIII, en la rétablissant en 1493, dit qu'elle est fort ancienne. *Arch. municipales de Nantes*, série H H. Lebeuf, dans son livre sur le commerce de Nantes, donne quelques renseignements sur cette confrérie. Travers, Ogée et Guépin en parlent également.

mander de plus? Il n'est pas certain du reste que certaines confréries, comme celles du Saint-Sacrement qui sont fort anciennes[1], ne se soient pas recrutées dans toutes les classes, même parmi les gens de métier. Celles qui avaient le plus de tendances à rester aristocratiques sont celles de Saint-Jean de Saint-Malo, de Saint-Nicolas de Guérande, de Saint-Pierre et Saint-Paul de Nantes. On verra dans les statuts de cette dernière, ouverte à l'origine seulement au clergé et à la noblesse, qu'elle voulut bien admettre, au XIVe siècle, lors de sa réforme, les bourgeois qui seraient capables de contribuer à la rehausser de leur fortune.

Les confréries ont une autre gloire à revendiquer que celle d'avoir propagé l'esprit de fraternité parmi les hommes de même condition ou de même état. De la charité mutuelle à la pratique de la bienfaisance envers les étrangers, il n'y a qu'un pas [2]. Elles se sont de bonne heure posées en protectrices des déshérités de ce monde, elles ont été tendre la main aux riches et ont employé leurs aumônes à secourir les indigents, les malades et les pèlerins. Dès le XIIIe siècle, nous voyons en Bretagne des associations de frères, établies sur les principes indiqués plus haut, c'est-à-dire organisées pour exciter le zèle religieux de leurs membres et appliquées en même temps aux soins qu'entraîne le gouvernement d'un asile charitable. En voici deux exemples : A Vitré, l'hôpital était entre les mains d'une confrérie placée sous le patronage de saint Nicolas, qui nous a laissé plusieurs témoignages de son administration du XIIIe siècle. Suivant le texte de trois chartes que

---

(1) On en cite une du XIVe siècle à Vitré, dit M. de la Borderie. Vannes possédait une confrérie du Saint-Sacrement dès 1323. *(Arch. dép. du Morbihan.)*

(2) En Savoie, la confrérie du Saint-Esprit remplaçait le conseil des marguilliers dans chaque paroisse et souvent même administrait les intérêts civils. Avant l'affranchissement des communes, au XVIIe siècle, les confréries gardaient encore l'administration des ressources applicables au culte, à la bienfaisance et aux écoles. Enfin, au XVIIIe siècle, leur mission se bornait à faire des prières en commun et à des distributions charitables de pain, d'huile et de blé. (*Hist. de l'inst. primaire en Savoie,* P. de Jussieu, p. 27 à 31 1875, Chambéry).

j'ai sous les yeux, les familles nobles [1] et puissantes du pays recherchaient l'honneur d'être inscrites sur ses registres, et pour obtenir cette faveur, elles multipliaient les actes de générosité. Pour avoir un siége dans les assemblées de cette confrérie, il y avait obligation de s'engager à servir au moins un quartier de froment de rente et à faire quelques aumônes périodiques [2].

La confrérie de Toussaint de Nantes avait pris sous son patronage l'aumônerie du même nom que Charles de Blois avait fondée sur la chaussée des ponts de Nantes, et c'était elle en effet qui présidait à la direction de l'établissement. Le chapelain administrateur n'était que son mandataire. Les véritables gouverneurs de l'aumônerie étaient les deux prévôts désignés par le chapitre de la confrérie. C'est à ces délégués qu'appartenait le droit d'affermer les biens, de les aliéner, de changer l'hypothèque des rentes, de faire la recette des revenus et d'exécuter les décisions.

Lorsque la ville de Nantes fut dans la nécessité d'ouvrir un hôpital général, au XVIIe siècle, pour créer des ressources au nouvel établissement on eut également recours à une association qui prit le nom de confrérie de la Charité. Ce moyen de faire l'aumône convenait tellement aux mœurs du temps, que les registres de la confrérie furent en peu de jours couverts de signatures. La cotisation annuelle était de 12 livres [3].

Pour comprendre ce mécanisme administratif, il importe de

---

(1) Les archives de l'hôpital de Vitré renferment au moins 15 chartes du XIIIe siècle. Plusieurs émanent d'André de Vitré, de Guillaume du Plessis, de Gautier d'Erbrée, d'Hamelin Charron, tous chevaliers. J'en dois la connaissance à l'obligeance de M. A. de la Borderie.

(2) Et ita quitaverunt me prior et fratres dicte domus de omni arreragio quod debebam confratrie eorumdem et de cetero quittus sum *de sede mea* dicte confratrie, excepto quodam quarterio frumenti quod teneor eisdem reddere singulis annis dum vixero ad augustum et exceptis oblationibus et denariis mortuorum. (Don de Gautier d'Erbrée, juillet 1246. *Arch. de l'hospice de Vitré.*)

(3) Voyez pour plus de détails notre *Histoire des Hôpitaux de Nantes*, p. 293. 1 vol. in-8°, 1875.

dire quelques mots de l'organisation intérieure des confréries et d'indiquer par quels moyens elles maintenaient le bon ordre chez elles. Au moins une fois par an, le jour de la fête du patron ou le lendemain, les associés se réunissaient en assemblée générale ou en *chapitre*, pour parler le langage du temps, et là elles procédaient à l'élection d'un ou deux présidents, dont le nom variait suivant les localités. Ici on les appelait abbés ([1]), là prévôts ([2]), ailleurs consuls ([3]), jurés ([4]), ou mayeurs ([5]). On leur adjoignait ordinairement deux économes nommés *procureurs*, qui eux, préparaient les banquets, recevaient les taxes, payaient les dépenses et veillaient à la conservation du matériel ou à son renouvellement. Ces derniers rendaient leurs comptes tous les ans et leurs fonctions comme les autres étaient obligatoires. Ils jouissaient, en certains lieux, du privilége de désigner leurs successeurs et leur remettaient leurs pouvoirs par la tradition du chapelet ([6]) ou des chapeaux à fleurs ([7]).

Les premiers dignitaires avaient ordinairement un rôle moral important à remplir. C'est à eux qu'appartenait la charge d'entendre en conciliation les parties contendantes, de réprimander les frères insubordonnés, d'infliger des peines, et de prononcer les exclusions immédiates dans les cas graves. Toute réception était accompagnée d'une enquête sur la vie et les mœurs de l'aspirant, et quand il était admis il proférait, sur l'image du patron de la confrérie et entre les mains de l'abbé, le serment de se conformer aux règlements de la confrérie. Entre gens de commerce ou de métier on faisait serment d'honneur et de probité.

([1]) Frérie blanche de Guingamp.
([2]) Confrérie de Toussaints de Nantes.
([3]) Confrérie de la Contractation.
([4]) Confrérie de saint Pierre et saint Paul de Nantes.
([5]) Confrérie du Saint-Sacrement de Nantes, voir ses statuts confirmés par le roi en 1756. (*Arch. de la Loire-Inférieure*, série B. *Mandements*, liv. 52, f° 37.)
([6]) Statuts de la frérie blanche de Guingamp.
([7]) Statuts de la confrérie de Saint-Nicolas de Guérande.

Le clergé n'intervenait dans le gouvernement des confréries que pour les cérémonies religieuses, une fois qu'il avait mis son approbation sur le cahier des statuts. Les associations pieuses sollicitaient fréquemment de la cour de Rome des bulles d'indulgences qu'elles affichaient avec ostentation, pour appeler à elles de nombreux adhérents, quand elles étaient à leurs débuts ou sur le point de s'éteindre (1).

L'autorité civile se montra longtemps indifférente au développement des confréries et les laissa croître sans entrave pendant tout le cours du moyen âge, bornant son contrôle aux corporations de métiers (2); mais sous Louis XIV, la royauté, jalouse de tout envelopper sous sa tutelle et aiguillonnée aussi par le besoin de battre monnaie, s'arrogea le droit de supprimer celles qui ne seraient pas pourvues d'une autorisation royale. On sait que jamais prince n'a mis plus d'empressement à s'immiscer dans les affaires religieuses, et les parlements, toujours avides d'étendre leur juridiction, ne manquèrent pas de suivre cette impulsion. Sous Louis XV, les mêmes tendances se manifestèrent et achevèrent la confusion si regrettable des pouvoirs. L'article 1er de l'édit de 1749 assimile les confréries aux établissements qui ne peuvent être formés sans lettres patentes enregistrées, et l'article 13 du même édit frappe de nullité toutes les associations fondées depuis la déclaration de 1666 ou dans les trois années précédentes sans autorisation (3).

---

(1) Suivant le droit canonique, l'autorisation de fonder une confrérie appartenait à l'évêque. (*Mémoire du clergé*, in-4°, t. VI, col., 1421-1432.)

(2) Au temps des ducs de Bretagne, le pouvoir civil exerçait déjà son contrôle sur les corporations de métiers. Les statuts de la confrérie des parcheminiers de Lamballe en portent la preuve. (Arch. de la Loire-Inférieure, E. 88.)

(3) Les ordonnances de Villers-Cotterets, de Roussillon, de Moulins et de Blois contiennent des prohibitions formelles contre les confréries et les banquets; mais il est évident qu'elles ne s'adressent pas aux associations purement religieuses. En confisquant le droit de réunion au XVIe siècle, nos rois voulaient arrêter l'essor du protestantisme. Dans tous les cas, il est certain que ces ordonnances, comme bien d'autres, sont restées lettre-morte.

Dans le ressort du parlement de Rennes, les réfractaires ne furent pas poursuivis à outrance, car la suppression des confréries de Notre-Dame de Bon-Secours et de Notre-Dame de Consolation, desservies dans l'église Sainte-Croix de Nantes, ne fut prononcée qu'en 1768. Les hôpitaux de la ville héritèrent de leurs biens à la charge d'acquitter les fondations pieuses. D'autres confréries qui, depuis longtemps, languissaient dans un état voisin de la décadence, n'attendirent pas leur arrêt de mort et prirent prétexte des exigences fiscales de cette ordonnance pour prononcer elles-mêmes leur dissolution.

Il n'y a pas lieu de regretter cette petite persécution. Le XVIIIe siècle n'est pas la belle époque des confréries.

La sève vigoureuse de l'arbre, livrée à ses caprices pendant des siècles, avait engendré bien des parasites et des branches inutiles, qui pouvaient être émondés sans dommage pour le tronc. Autour des associations qui perpétuaient les vieilles traditions de foi et d'honneur chrétien, s'étaient développées une foule de confréries qui n'avaient pas le moindre sentiment de leur rôle. Celles-ci s'emparaient trop souvent des églises et des sacristies malgré les curés, les encombraient de leur matériel, gênaient les offices ordinaires par leurs bruyantes assemblées et invoquaient l'appui des gens de justice pour soutenir leurs prétentions, de sorte qu'une institution créée pour maintenir la paix au milieu de la société, était devenue un élément de discorde.

Les réformateurs de 1789 n'ont malheureusement considéré que les abus et ont radicalement supprimé les associations, comme si leur rôle devait s'éteindre avec l'ancien régime [1]. On doit regretter cette erreur; car, pour nous préserver de certains entraînements en somme peu dangereux, nos révolutionnaires

---

[1] Bien des confréries ont résisté aux décrets de proscription. En 1806, il y avait à Lyon une confrérie de barbiers-perruquiers qui se rendait dans les hôpitaux, le dimanche, pour y faire œuvre de charité. Ils lavaient les malades, les rasaient et les peignaient avec un empressement touchant. (*Vie de Mme Anne-Paule-Dominique de Noailles*, p. 279. Un vol. in-8°. Libr. Hachette, 1872.)

ont livré l'individu aux inspirations égoïstes de l'isolement et ont éteint pour longtemps le feu sacré qui nourrit la vraie fraternité.

Pour dresser une statistique de toutes les confréries de la Bretagne, il faudrait entreprendre des recherches au dessus des forces et des loisirs d'un seul homme. Qu'il me suffise de dire que mon collègue du Morbihan, qui, pendant 15 ans, a parcouru son département et fouillé toutes les archives paroissiales, en a rencontré dans les plus humbles villages. Quant à moi, je n'ai pas encore eu le temps d'explorer un aussi vaste champ ; mais il m'est arrivé souvent de constater l'existence d'une confrérie au moins (¹) dans les plus petites paroisses. En ce qui concerne la ville de Nantes, que je connais mieux que toute autre, je puis assurer qu'elle renfermait à elle seule, au moins 26 confréries, que j'appellerai religieuses pour les distinguer de celles que formaient les divers corps d'état. Dans la petite ville de Guérande, on est certain que plusieurs confréries florissaient dès le XIVe siècle, en même temps que celle de Saint-Nicolas : « Lequel drap et ledit luminaire, » disent les statuts de celle-ci, seront mis sur chacun mort de » ladite confrarie le jour de sa sépulture à la costume des *autres* » *confrairies* de la ville de Guérande. »

Il en est peu dont on puisse fixer l'origine par une date précise. Celles dont on a conservé les statuts sont encore plus rares. On me saura donc gré, je l'espère, d'avoir transcrit les règlements des confréries de Saint-Pierre et Saint-Paul de Nantes, de Toussaint de la même ville, dont la rédaction est du XIVe siècle, ainsi que ceux de la confrérie de Toussaint de Vannes, qui appartiennent au commencement du XVe.

(¹) Il y avait, en 1410, une confrérie de Toussaint à Saint-Philbert de Grandlieu (arch. de la Loire-Inférieure, E. 500.) La Benate possédait une confrérie de Saint-Nicolas au XVe siècle.

Statuts de la confrérie de Saint-Pierre et de Saint-Paul de Nantes.

« Comme aultreffois à l'onneur, gloyre et louange de la benoiste Trinité indivisible et de la très-glorieuse vierge Marie, des benoists apoustres, monseigneur sainct Pere, monseigneur sainct Paoul, patrons de l'église cathédrale de Nantes et de tous les aultres saincts et sainctes de Paradis eust été instituée et ordrennée en ladicte église de Nantes une confraerie par les seigneurs, sçavoir est, dignitez et chanoines, chapellains et choreaulx de la dicte église, les bourgeois et aultres personnes et gens notables de la ville de Nantes et des parties environnantes, au propre aultier desdits benoitz apostoles sainct Pere et sainct Paoul en ladicte église et hors le cueur d'icelle.

» Et pour les guerres et mortalitez qui par longtemps ont esté non pas tant seulement ès parties de Nantes ains par tout le duché de Bretaigne, les frères de ladicte confraerie soint décédez tous fors et exceptez noble damme, dame Jehanne, damme de la Muce, maistre Jehan Loncle, chanoine de Nantes, Guillaume de Monceaulx, et Guillaume Le Bloay, citoyens de Nantes, qui par eulx seullement ne pourroint bonnement soustenir et maintenir la dicte confraerie selond et en l'estat que souloit anciennement estre et parce ladicte confraerie soit à présent auxi comme à néant réduicte et eue pour nulle.

» Les seigneurs de la dicte église avecques les chapellains et choreaulx d'icelle considérans les choses dessusdictes et désirans de bon cueur, vraye bonne et loyale intention (que moult loable et digne chose est) les choses qui à la loange de Dieu, de la benoiste vierge Marie et des saincts et sainctes de Paradis ont esté faictes et ordrenées et auchunement sont diminuées et appeticées reducer et amener au premier ou meilleur estat, comme mieulx se pourroit faire et se acroistre en toutes bonnes manières justes et canoniques à icelle confraerie afin que elle puisse estre reparée, reducée et mise au premier estat ou meilleur si justement et sainctement se peut estre.

» Et afinque à tousjours mes ès temps advenir elle puisse en bon et suffisant estat estre maintenue, soustenue, gardée et gouvernée de la volunté et consentement desdits anciens frères de ladicte confraerie, se sont adherez et se adherent maistres Nycholas Juhel et Pierre Mauléon, chanoines de Nantes, Jean Couldabbé, et Jamet Ménard, presbtres mestres et chapelains, Jehan de Calastre, soubzchantre de ladicte église de Nantes, Guillaume Boudandur, Thomas Guyomar, Martin Bernard, Pierre Blanchet, Guillaume Piquart, Jehan Rouxeau, aultrement du Gavre, Pieres Garnier, Jehan Perou, Jehan des Rouxières, Jehan Coindet, Guillaume Michel, Jehan Pinot, Jehan Tondours, presbtres serviteurs en ladicte église de Nantes, Jehan de la Rive, Evrard Rode, Pierres Briend, Nicholas Mauléon, Macé Fortrin, Guillaume Colin, Jacques Facy, Jehan Tretill *aliàs* Barbier, Georges Mamat, Hervé Le Tournours, Jehan Saincetur, Jehan Aoustin, Thomas Poczon, Guillaume Rasteau, Pierre Laimet, Guillaume Le Bouchier, Pierre Plechastel, Jehan Piron, Jehan Bonassay, Jehan Borruet, Jehan Guiomar, Guillaume Lasne, Geffroy Plumaugat, Pierres Lebreton, etc..., clercs choreaulx de ladicte église, nobles homs monsour Gilles d'Elebest, chevallier, Sevestre Clerebaut, escuyer, Guillaume Mauléon, citoyen de Nantes, lesqueulx frères tant anciens que nouveaulx si et en tant comme mestier est ont de nouvel institué et ordrené la dicte confraerie en l'église et à l'autier dessusdict.

» Et pour ce que de présent ne pevent, pour les guerres et mortalitez qui ont esté comme dict est, estre trouvez les statutz et ordrennances de la dicte confraerie par et selond les quieulx elle puisse estre seurement et deument gouvernée par lesdiz frères d'icelle; ceulx frères tant anciens que nouveaux d'un commun assentement et volunté ont faict et ordrené les statutz et ordrennances de la dicte confrarie en la forme et manière qui ensuyt.

» O protestation, quelle ils ont faicte et font premier et avant tout ce et quelle ont voulu et veulent en ce estre inscripte et insérée, que toutefois et quant ès temps advenir sera veu et regardé par lesdicts frères et ceulx qui ès temps advenir seront receuz à frères de la dicte frarie ou par la maire et plus saine partie d'eulx, que les ordrennauces et statuz cy dessoulz escriptz et insérez ou auchun d'eulx soint obscurs, trop vigoureux ou que bonnement ne pourroint estre observez et gardez pour auchunes sourvenantes justes et raisonnables causes ou diversitez de temps, contre lesquelles ne pourroit bonnement estre résisté ou obvié comme mortalitez, guerres ou aultres fortunes (quelles ja ne vueillle nostre seigneur Jhésu-Crist) lesdictz frères qui à présent sont et qui pour le temps des dictes causes seront, pourront o bonne meure et ordrenée délibération premier et avant eue sus ce entr'eulx et o aultres notables gens et dignes de foy celx ordreuances et statuz et chescun cy après insérez et escriptz et qui ès temps advenir seront faictz et ordrenez par lesditz frères qui à présent sont et seront corrigez, déclarez, interpretez y acroistre ou diminuer à la volunté, consentement, licence et décret de révérend père en Dieu monseigneur l'évesque de Nantes qui pour le temps sera et de leurs souverains à qui en apartendra et devra ou pourra apartenir.

Ier STATUT.

COMME LESDICTS FRÈRES SONT TENUZ ESTRE ÈS VESPRES, MESSES DES VEILLE, JOUR ET LANDEMAIN DE LA FESTE SAINT PÈRE ET SAINT PAOUL QU'EST LE XXIXe JOUR DU MOYS DE JUIGN.

« Il est ordrenné par lesdicts frères que eulx et chescun d'eulx et tous ceulx qui ès temps advenir seront receuz à frères de la dicte confrarie seront tenyz par chescun an estre la veille et le jour de la dicte feste desdicts benoistz apostres, quelle feste est le XXIXe jour du moys de juign, aux vespres de la dicte veille et du jour, quelles seront dictes et chantées devant ledict aultier sollempnelment et o note avecques les autres offices divines de la dicte confraerie par lesdictz frères après les vespres et complies qui aront esté dictes ès dictz jours au cueur de la dicte église.

« Et en semblable manière seront tenuz estre à la messe qui ou jour de la dicte feste sera dicte et célébrée audict aultier par lesdicts frères come dict est, avant que l'on commance dire *prime* ou cueur de la dicte église et à la messe de *requiem* qui sera dicte au prochain jour ensuyvant après la dicte feste à l'aultier et heure dessus dictz.

» Es quelles messes et chacune sera tenu chescun frère offrir ung denier et y estre, scavoir est : gens d'église en habit et estat d'église sçavoir est, en sourpeliz et chapeau de cuour tant aux vespres que aux messes, dès le commancement jusques à la fin en aydant come mieulx le pourra faire à chanter, dire et faire lesdictz offices.

» Lesquelles messes seront dictes ès despens de la dicte confrarie par ung ou deux desdictz frères ou aultres chapellains honnestes. Et seront tenuz lesdictz prevostz de ladicte confrarie se pourveoir et ordrenner desdicts chapellains qui diront les dictes messes et faire apparaillier ledict aultier tant de draps de parement pour parer ledict aultier que pour lesdictes messes dire et chanter et auxi pour les vespres et en oultre pourveoir de foillée et jonchée pour la dicte feste et faire mectre et allumer les cierges et luminaires, estaindre et estouer en la hugo de la dicte fracrie et les garder bien et deument.

IIe STATUT.

DE CEULX QUI DEFAILLENT ÈS HEURES ET DE LA PAINE.

» *Item* est ordrené que chescun desdicts frères qui défauldra ès dictes vespres et messes ou à l'une desdictes heures et n'y sera continuellement dès le commancement jusqu'à la fin et en habit de l'église, come dict est, à scavoir est ceulx qui le pevent et doyvent porter, ou si auchun desdicts frères aloit vagabont par l'église dessusdicte tant come l'on dira lesdictes vespres ou messes et ne fust présent à aider et chanter et dire lesdicts offices selond sa sçavence ou possibilité, pour chescun deffault desdictes heures paiera et sera tenu poyer celuy qui en ce ainsi défauldra dedans ouict jours prochains après ledict deffault, seix deniers monnoye courante queulx recevront et seront tenus recevoir les prevostz de la dicte confraerie et en compter o lesdicts frères ou leurs députez au jour que lesdicts prevostz compteront des faicts et mises de la dicte confraerie pour la dicte feste où seront faictz lesdicts deffaultz, si celuy deffaillant n'a bonne juste et légitime excusation. De laquelle sera tenu celuy deffaillant loyaument et sans fraude, informer lesdicts prevostz dedans lesdicts ouict jours ou payer lesdicts seix deniers.

» Et en cestes deffailles ne seront point comprins, ains en seront exceptez, les provostz de ladicte confraerie pour ce que à celles heures et jours seront impeschez pour les faicts et affaires de ladicte confraerie, tant pour sçavoir et raporter lesdicts deffaulx que aultrement et pour procurer et faire à leur povoir le bien et prouffit de ladicte confraerie.

IIIe STATUT.

DE CEULX QUI NOISENT ET OCCUPENT LE SERVICE.

» *Item* est ordrené que si auchun desdicts frères durant le service desdictes vespres et messes ou lieu où, comme dessus est dict, seront dictes et chantées, esmeut induement ou soit cause d'esmouvoir auchune dissencion ou riote avecq auchun des aultres frères ou aultre personne; veu et considéré que en ce faisant il n'est pas aidant et faict ne ayde pas à faire et chanter ledict service comme dessus est dict, ains l'empesche; cil qui ainsi esmouvera celles dissencion ou riote indeument ou qui en sera cause, paiera et sera tenu payer pour celle offense èsdicts provostz de ladicte confraerie doze deniers monnoye courante. Queulx recevront lesdits provostz et en compteront en la manière des déffaulx dessusdicts et comme est contenu ou prochain precédent statut.

IVe STATUT.

COMME L'ON DOIT FAIRE ASSAVOIR LES INDULGENCES DE LADICTE EGLISE.

» *Item* afin que nostre seigneur Jhesu crist de qui tous biens viennent et sont donnez soit plus devotement aoré en ladicte eglise et mercié des biens qu'il donne et que ad ce faire en ladicte église plus dévotement tous bons crestiens et loyaux viengent et ou ce soient grandement et plus honorablement lesdits benoitz apoustres et autres saincts et sainctes desqueulx les glorieuses reliques sont en ladicte eglise requis et prié, est ordrené que auxdictes premières vespres de ladicte veille de la feste desd. apoustres et à lad. messe du jour par le chapellain qui la dira ou aultre chapellain seront publiées et faictes sçavoir généralement les indulgences et remissions données et octroyées par nos saincts pères à ceulx qui dévotement visitent par maniére de pélerinage ou aultrement ladicte église estans en estat de grace et vraies confessez et repentans.

Ve STATUT.

QUEULX GENS L'EN DOILT RECEPVOIR EN LADICTE CONFRAERIE.

» *Item* est ordrené que des ores en avant ne sera receue auchune personne à estre frère de lad. confraerie, s'il n'est personne honneste, de bonne vie et honneste conversacion, usant de privilége de clerc non marié et qui puisse porter sourpelix et aultres habitz appartenans à gens d'église fors les dessus nommez, chevalier, escuier et aultres ensuyvans avecques lesdicts anciens fréres, lesqueulx qui ou temps advenir seront receuz en l'abbit d'eglise par les prévostz et jurez de lad. confraerie, affin que lesdicts prévostz puissent respondre et compter des choses que lesdicts receuz à frère devront payer à ladite confraerie et à cause et par raison de leurs entrées.

» Et ne pourront estre, ne seront receus fors aud. jour de lad. feste ou aux vespres précédentes ou le lendemain à la messe de *Requiem*, ou ès jours du compte desd. prevostz ou du chapitre de lad. confraerie affin que lesd. frères sachent queulx seront receuz et de quelle vie, estat ou conversacion seront ceulx qui seront receuz.

» Lesqueulx qui ainsi seront receuz, jureront et seront tenus jurer par leurs sermens sur sainctes évangiles que bien et loyaument tendront et fermement garderont tous et chescun les statuz et ordrenances de lad. confraerie sans james venir ne procurer, faire venir par eulx ne par aultres en contre ou temps advenir en auchune manière juste et loyale excusacion cessante.

» Et si auchun noble homme ou bourgeoys ou aultre notable personne séculière, non pas femme, de la ville, forsbourgs de Nantes ou des parties d'environ, veult et requière par bonne et vraie devocion que il ait envers Dieu nostre créateur, la benoiste vierge Marie et lesd. benoists apoustres, considéré que tous suymes fréres en Dieu et que envers Dieu n'est acception de personnes, pourveu qu'il soit homme de tel estat et de telle conversacion, que par luy ladicte confraerie puisse estre acreue, mieulx aidée et soustenue, ordrené est par lesd. fréres qu'il soit benignement receu et en estat de homme séculier et non pas d'eglise non obstant ce que dessus est dict.

VIe STATUT.

COMBIEN L'ON DOIBT D'ENTRÉE.

» *Item* est ordrenné que toute personne portant habit d'eglise et estant du cueur de lad. église de Nantes qui ou temps advenir sera receu à frére de ladicte confraerie payera et sera tenu payer, le jour qu'il sera receu ou dedans les ouicts jours prochains après ensuyvans, pour sa dicte entrée, aux prévostz qui pour le temps seront, deux francs d'or ou monnoye à la value, et deux livres de cire tant seullement, mesmement pour ce que leur gaign des processions sera converty et appliqué au proffit et accroissement de ladicte confraerie, comme cy après sera faict mencion.

» Et les aultres tant gens d'église qui ne gaigneront riens ès dictes processions que les séculiers payeront chescun quatre francs d'or ou monnoye à la value et quatre livres de cire bonne et neuve à estre converties, exposées et appliquées lesdites sommes d'or et quantités de cire au proufit, accroissement et utilité de lad. confraerie.

VII° STATUT.

COMME LE GAIGN DES PROCESSIONS DOIBT ESTRE AU PROFIT DE LA FRATRIE.

» *Item* ont voulu et ordrené, veulent et ordrenent et se consentent tous et chescun les fréres de lad. confraerie scavoir est : les chapellains, bacheliers et choreaulx tant serviteurs que aultres de lad. église qui gaignent et gaigneront ès processions de lad. église, tant pour eulx que pour les aultres chapellains, bacheliers et choreaulx de lad. église, qui ès temps advenir seront receuz à fréres de lad. confraerie, que tout leur gaign et proufit qui leur vendra et pourra et devra venir et appartendra en commun à cause et par raison des processions, tant pour enterrement que pour semes soint en lad. église ou ailleurs, soient mis, convertiz et employez au proufit, accroissement et utilité de lad. confraerie.

» Et tous ceulx de ladicte confraerie scavoir est chapellains et aultres qui ès dictes processions pourront gaigner tant ès enterremens que ès semes et n'y seront pour les gaigner, chescun desd. fréres qui ainsi gaigneroit et y deffauldra, payera pour led. deffault autant comme il eust gaigné si present y eust esté, à estre convertiz au prouffit et accroissement de lad. confraerie.

» Et en oultre est ordrené que tous les chapellains, bacheliers et choreaulx de lad. église qui ou temps advenir, seront receuz à fréres de lad. confraerie, à leur recepcion, jureront par leurs sermens sur sainctes evangiles, en oultre les aultres sermens de ladicte confraerie, tenir et fermement garder les statuts, voluntó et ordrenance dessusd. sur le faict desd. processions sans james venir par eulx ne par aultres, ne procurer faire venir encontre en auchune manière.

VIIIe STATUT.

COMME LES FRÈRES SONT TENUZ ENTERRER ET FAIRE LE SERVICE DE LEURS FRÈRES DEFFUNCTZ.

» *Item* est ordrené que quant auchun desd. frères décédera, tous et chescun les aultres frères seront tenus aller à son enterrement, sçavoir est les gens d'église en leur habit d'église convenable selond le temps et portera chescun desd. frères tant d'eglise que séculiers, en sa main ung cierge ardant, telx come ils seront ou luminaire de lad. confraerie, exceptez les dignitez et chanoines de lad. église, qui ne seront point revestuz, s'il ne leur plaist, pour ce que n'est pas accoustumé qu'ils aillent en habit d'église s'il n'y a procession sollennelle.

» Et par auxi les séculiers ne seront tenus porter habit fors tel come leur plaira et auxi lesd. dignitez et chanoines ne seront tenuz à porter en propre personne lesdicts cierges, s'il ne leur plest, fors tant seullement ès enterremens des dignitez et chanoines qui seront frères de lad. confraerie.

» Et auxi ne porteront nulz cierges ceulx qui porteront le corps dudict frère décédé; queulx seront revestuz en aulbes, estolles et fanon et seront tous ès vigilles de morts et à la recommandation revestuz comme dict est. Quelles vigilles lesd. frères diront eulx mesmes o note et la messe de *Requiem* ou le lendemain ou le jour que le service sera faict. Et seront tenuz chescun desd. frères offrir à lad. messe de *requiem* ung denier.

» Et chescun qui sera deffaillant de faire en ce que dessus est ordrenné, en tous articles selond leur estat pour chescun deffault desd. articles, paiera et sera tenu paier auxd. prévostz pour et ou nom de lad. confraerie demye livre de cire, s'il n'a juste et loyale excusacion, de laquelle celuy qui ainsi deffauldra, sera tenu loyaument informer lesd. prévostz en la manière des deffaulx dont est faict mencion ou segond statut, s'il n'est notoirement hors de la banlieue de Nantes.

IXe STATUT.

DEDANS QUELLES METES L'EN EST TENU A L'ENTERREMENT OU SERVICE DES FRÈRES DEFFUNCTS.

» *Item* est ordrené que lesd. frères ne seront point tenuz aler querre ne enterrer leur dict frère décédé plus loign que Sainct-Donatien, Sainct-Sembin, et Toussaints sur les pons et si plus loign que lesd. metes est enterré led. frère, pour convenir et accorder de l'eure de l'enterrement, feront crier et scavoir o l'eschallecte ([1]) en la manière acoustumée à quelles heures et en queulx lieux seront faicts lesd. enterrements et service.

» Queulx enterrement et service seront et devront estre ordrenez estre faicts à celle heure que les chapelains, bacheliers et choreaux, frères de lad. confraerie, comme dict est, puissent vacquer et estre ès heures et services de lad. église cathédrale et auxd. enterrement et service et afin que le service dud. décédé soit faict plus sollennelement et honnourablement.

» Et feront les amis ou exécuteurs dud. mort porter les torches et le luminaire de lad. confraerie pour lesd. enterrement et services au lieu où seront faicts dedans lesd. metes et raporter sainement et entièrement à la huge de lad. confraerie et tout ce sera faict aux despens et sur les biens dud. décédé, s'il en a puissance. Et ou cas que puissance n'aroit, tout ce sera faict par lesd. prévostz et ès despens de lad. confraerie; ès quelles mises faire si par lesd. prevostz sont faictes, seront appelez les jurez de lad. confraerie.

Xe STATUT.

COMMENT LE LUMINAIRE DOIT ESTRE BAILLÉ ET COMME IL DOIT ARDRE.

» *Item* est ordrené que lesd. prevostz de lad. confraerie seront tenuz bailler et livrer aux amis ou exécuteurs dud. mort tout le

---

([1]) Petite sonnette.

luminaire de lad. confraerie tant à l'enterrement que au sepme dud. decedé leur frère scavoir est : les torches quelles ardront dès le lieu où lesd. frères yront querre le corps dud. décédé jusques à l'entrée de l'église où il sera enterré en la ville de Nantes ou dedans les metes entre les églises dessusdictes.

» Et aussi ardront les torches tant comme la recommendation sera faicte sur la fosse et à voirs Dieu à la messe de *Requiem*. Et les cierges ardront durantes lesd. vigilles et la messe de *Requiem*.

» Et aussi bailleront lesd. prévostz auxd. amis ou executeurs dud. décédé le drap, les chandeliers de lad. fraerie avecques les aultres choses et biens qui seront en lad. confraerie nécessaires à l'estat dud. décédé si mestier en ont.

XIe STATUT.

DE LA PAINE SUR CEULX QUI S'ENTREFONT CHEOIR ET GASTER LE LUMINAIRE.

» *Item* est ordrené que quant lesd. frères de lad. confraerie dessusd. yront au service ou l'enterrement dud. decedé ou au sepme portans chescun ung cierge ardant, come dessus est ordrené, si auchun desd. frères faict à son escient cheoir, ou soit en coulpe de faire cheoirs sus ung des aultres fréres ou aultre personne digne de foy, celuy qui ainsi fera cheoir lad. cire ou qui en sera en coulpe, come dict est, paiera et sera tenu payer pour celle offense et villennie, doze deniers monnaie courante queulx seront appliquez, convertiz et employez au proffit et accroissement de lad. confraerie receuz et exigez par lesd. prevostz en la forme et manière que dessus est ordrené des deffaulx.

XIIe STATUT.

COMMENT CHESCUN FRÈRE EST TENU FAIRE DIRE OU DIRE DE LUY UNE MESSE POUR CHESCUN FRÈRE QUI DÉCÈDE.

» *Item* est ordrené que chescun desd. fréres dira ou fera dire une messe à l'enterrement de chescun frère décédé ou au sepme (¹) fors et excepté aux enterrements des bacheliers et des enffans de cueurs de l'église dessusdicte pour lesqueulx est ainsi ordrené que quant ung desd. aultres frères décédera ung bachelier et un enfant feront dire une messe, ou troys enfans une messe, ou trois bacheliers deux messes, pour ce que ès processions de lad. église ung bachelier et un enfant ou troys enfants prannent et gaignent comme ung chapelfain ou troys bacheliers comme deux chapellains. Et par semblable si et toutesfois que ung desd. bacheliers ou enfans décédera, les aultres frères ne seront tenuz en dire, ne faire dire fors en tant come led. bachelier ou enfant en feroit dire pour ung des aultres.

XIIIᵉ STATUT.

QUANT LADICTE CONFRAERIE SE DOIBT CHAPITRER.

• *Item* est ordrené que chescun an le dimainche prochain après la feste de l'Ascension nostre seigneur, lesd. frères de lad. confraerie scavoir est ceulx qui seront demourans en la ville et forbourgs de Nantes, si ils ne sont malades ou hors de la baulieue notoirement par quoy ne puissent bonnement venir ou estre en la ville ou que ils ayent aultre juste et loyalle excusation, de laquelle tenuz seront loyaument et sans fraude informer lesd. prevostz, seront tenus estre et se comparoistre ensemble en la ville de Nantes, pour chapitrer lad. confraerie et délibérer des faicts et des négoces d'icelle tant sur l'ordrennance du luminaire come du disner desd. frères de la manière duquel cy après sera faict mencion, instituer procureur ung ou plusieurs et eslire les jurez de lad. confraerie, que des aultres affaires nécessaires et utilitez d'icelle. Et pour ce que auchuns desd. frères ne seroint pas remembrez de la journée, est ordrené que les prevostz de lad. confraerie la feront scavoir o l'eschalecte et crier en la manière des aultres fraeries de la ville. Et chescun qui y deffauldra demourant

(¹) Septimus. Ce doit être le service célébré au bout de 7 jours après l'enterrement.

esd. lieux et non ayant juste excusation et supposé que l'ait juste et n'en informe lesd. prevostz come dict est, paira seix deniers à estre receuz par lesd. prevostz et convertiz au proffit et augmentacion de lad. confraerie en la mauière divisée au segond statut.

XIVe STATUT.

COMME LES PREVOSTZ ET JUREZ DOIVENT ESTRE ESLEUZ.

» *Item* est ordrené que chescun an le jour que sera le chapitre de lad. confraerie par lesd. frères universalment seront esleuz deux desd. frères scavoir est : des gens d'église et non séculiers pour estre prevostz de lad. confraerie pourveu qu'ilz soint ad ce suffisans et habiles et puissans de respondre des biens qu'ilz aroint de lad. confraerie.

» Et en oultre y seront esleuz deux jurez soint gens d'église ou seculiers suffisans et notables sans l'assentement desqueulx lesd. prevostz ne pourront bailler, aliéner, ne transporter auchuns des biens de lad. confraerie ou auchunement en ordrener ou préjudice et dommaige d'icelle.

» Queulx prevostz jureront en leurd. élection, par leurs sermens sur sainctes euvangiles, bien justement et loyaument garder les biens et droits de lad. confraerie sans les aliéner et si auchuns ont esté aliénez yceulx reducer et à leur povoir ramener à l'utilité, profit et propriété d'icelle, le domaige eschuier et le bien procurer bien et loyaument compter de la ministracion qu'ils feront pour ladicte confraerie.

» Auxqueulx prévostz en la présence desd. jurez seront baillez par inventaire les biens de lad. confraerie, afin que quant ilz en seront deschargez ils les rendent aux aultres prévostz prochains ensuyvans selond le contenu dud. inventaire. Lesqueulx compte et restitution seront faicts en la présence des jurez et aultres frères qui ad ce seront députez au jour des octabes de ladicte feste sainct Père et sainct Paoul, sans ce que ledict jour soit auchunement remué, sinon par ce que ainsi advenist que lesd. prévostz ou l'un d'eulx fussent malades.

» Et ne seront tenuz les prévostz qui celuy dimainche après l'Ascension aront esté esleuz, prandre ne recepvre lad. administracion ne office de prevostz jusques au jour du compte des prevostz qui seront pour la journée dud. chapitre.

» Et si auchunement ceulx qui ainsi seront esleuz prevostz et jurez estoint absens pour la journée dud. chapitre, les prévostz présenz sitost comme la election ara esté faicte seront tenuz la faire scavoir esd. esleuz tant prévostz que jurez.

» Et ceulx qui ainsi aront esté esleuz prévostz et jurez seront tenuz par leurs sermens estre présens à ouir led. compte des précédens prévostz et pour recevoir lad. administracion et les biens de lad. confraerie et auxi tant eulx que lesd. jurez pour faire lesd. sermens sans ce que ceulx esleuz auchunement puissent se refuser ne de ce soy excuser; meisme comme en celles offices ne seront fors par ung an tant seullement, s'ilz ne le veulent de leur grâce et à la requeste des aultres frères de lad. confraerie.

XVe STATUT.

DE LA MANIÈRE COME LES FRÈRES DOYVENT DIGNER ENSEMBLE.

» Item est ordrené que tous les frères de lad. confraerie par chescun an mangeront ensemble le jour de lad. feste S. Père et S. Paoul sans ce que led. digner soit remué à aultre jour, si le jour de chapitre ou avant lad. feste, aultrement n'est ordrené, honestement en ung hostel prés de l'eglise et n'aront point de superfluité de viandes, fors seullement deux, ung mez suffisant et sans ce que nul y puisse envoyer querre son mez, s'il n'est malade, ou ait telle excusation par quoy n'y puisse estre et qui touche estat de personne.

» Et si auchun estoit hors, il n'ara point de mez et sera tenu de payer demy sié et chescun d'iceulx qui n'y seront et n'aront juste excusation, come dict est, n'aront point de mez et payeront leur sié tout entier.

XVIe STATUT.

DE CEULX QUI RIOTENT OU DIGNER.

» *Item* est ordrené que si auchune discencion ou riote advient estre esmeue entre auchuns desd. frères durant led. disner, celuy qui ce esmouvera et celuy qui sera cause de ce esmouvoir, paieront chescun doze deniers à estre convertiz et appliquez au prouffit et accroissement de lad. confraerie en la manière divisée ou second statut.

XVIIe STATUT.

COMME AUCHUNS DE MAUVAIS GOUVERNEMENT POURRONT ESTRE PRIVEZ DE LA CONFRAERIE.

» *Item* est ordrené que si auchuns desd. fréres est rioteux ou de non honneste gouvernement, lesdictz prévostz et jurez, si tost come vendra à leur notice, seront tenuz luy monstrer secrètement et par plusieurs fois, si mestier est, son deffault de gouvernement et de honnesteté par belles parolles doulces et honnestes ainsi que ung frère est tenu corriger et enseigner afin que sans scandale et deshonnour, il se vueille plus doulcement et honnestement par soy meismes corriger et ses deffaulx réparer.

» Et celuy dict et demonstré come dict est par lesd. prevostz et jurez, s'il ne se veult corriger par soy, lesd. prevostz et jurez de ce feront relation aux aultres fréres afin que singulièrement ou universalement, ilz le corrigent en la manière dessus dicte.

» Et si à la requête et exortacion desd. frères à lui faicte universalement il ne se veult corriger et retraire de ses errours et folies, lesd. frères, ou prochain chapitre ensuyvant, eue sur ce bonne délibéracion ensemble entr'eulx et à luy monstré qu'il se rent incorrigible et non obédiant à ses frères, ils le pourront priver de lad. confraerie.

» Et s'il n'estoit présent aud. chapitre come peut estre que n'y vouldreit venir ne estre pour honte de ses errours et folies, come plusieurs ne veulent que leurs folies et errours leur soient monstrées ne en estre corrigez, les prévostz et jurez luy feront scavoir lad. privacion, afin qu'il ne se confie pas des biens de lad. confraerie.

XVIIIe STATUT.

COMME CHESCUN FRÈRE DOIBT VISITER LES MALADES DE LA CONFRAERIE.

» *Item* toutefois et quant il adviendra auchun desd. frères estre malade, est ordrené que les aultres frères seront tenuz le visiter et conforter et caritativement l'inducer au salut de son âme.

» Et si auchunement estoit si indigent et besoigneux que il ne eust dont se peust vivre ou procurer sa santé, les aultres fréres chescun selond sa voluntó, seront tenuz luy aider, ainsi come l'un frère est tenu faire pour l'autre.

XIXe STATUT.

COMME L'EN DOIBT AVOIR UNG PAPIER A LAD. CONFRAERIE OU SERONT ENREGISTREZ TOUS LES FAICTZ DE LAD. CONFRAERIE.

» *Item* est ordrené qu'il y ara ung papier pour lad. confraerie auquel seront escriptz tous et chescun les statuz et ordrenances de lad. confraerie, les noms desd. frères qui à présent sont et les noms et receptions de ceulx qui ès temps à venir seront receuz, les comptes et aultres faicts touchans lad. confraerie.

» Et auquel papier ne sera escript en ce que touchera lesd. comptes et receptions fors de la main d'un des notables et sçavans frères de lad. confraerie afin que toutefois et quant mestier sera, il en puisse passer lectre faisante foy.

» A laquelle escripture, sans aultre prouve, seront tenuz tous et chescun lesd. frères croyre et croyront sans le povoir auchunement impugner ou aller encontre s'il n'a juste cause au contraire.

» Lequel papier garderont lesd. prevostz ou l'un d'eulx affin que plus souvent ils puissent visiter les statuz et faicts de lad. confraerie et la gouverner selond lesd. statuz et estre tousjours déliberez de les garder et faire garder avecques les droicts d'icelle.

XXe STATUT.

COMMENT L'EN PEUT FAIRE AMONESTER CEULX QUI NE PAYERONT LEURS DEVOIRS SANS AMONICION FORS PAR LES STATUZ.

» *Item* est ordrené que les prevostz et procureurs de lad. confraerie ou l'un d'eulx pour les deibtes de lad. confraerie, sçavoir est pour les receptions des frères, pour leurs syés, pour leurs deffaulx, dont dessus est faict mencion, et pour toutes les choses èsquelles lesd. frères tant présens que à venir seront tenuz à lad. confraerie, pourront faire amonnester, par la court de l'église sans memorial ou obligacion fors tant seullement qu'il apparoisse par le papier ou relacion desd. prevostz de lad. confraerie de ce que lesd. frères devront de paier tous et chescun les devoirs dessus diz auxi bien come si lesd. prevostz ou procureux avoient memorial ou obligation de ce que ilz demanderont et sans ce que lesd. frères contre ce puissent aléger auchune chose fors satisfaction et paement.

» *Quarum quidem ordinationum et statutorum predictorum audita lecture, etc* (¹).

» Suit l'approbation du chapitre de la cathédrale, sede episcopali vacante, avec la date du lundi après la Trinité 1397. »

Copie sur papier en forme de cahier.

Il n'y a pas de signature, mais la copie est bien de la fin du XIVe siècle.

(¹) *Arch. dép. de la Loire-Inférieure*, série G., fonds du chapitre de Saint-Pierre.

Statuts de la confrérie de Toussaint de Vannes.

Sequntur statuta dicte confratrie dictorum confratrum dictorum presbyterorum seu sacerdotum civitatis Venetensis.

In nomine Domini amen. Per hoc presens presentium instrumentum cunctis pateat evidenter quod anno ejusdem Domini milesimo quadringentesimo decimo quarto, indictione octava, die vero tertia mensis novembris, pontificatus Sanctissimi in X° patris et domini nostri domini Johannis divina providentia pape, vicesimi tertii anno quinto ; in mei notarii publici ac testium infra scriptorum presentia, presentes et personaliter constituti venerabilis et discreti viri Johannes Colet presbyter, vicarius perpetuus ecclesie beati Petri Venetensis abbas modernus confratrie sacerdotum Venetensium, que quidem confratria fuit et est ab antiquis temporibus per sacerdotes civitatis et diocesis Venetensis in eadem ecclesia Venetensi ad honorem omnium sanctorum fundata, tenens in altera manuum suarum quamdam cedulam papiream, in qua quidem cedula cunebantur statuta seu ordinationes et institutiones ejusdem confratrie ac Johannes Derean, Gauffridus Chardonay, Johannes Herve canonici ecclesie Venetensis sepedicte, Alanus Textoris de Ploemergat, Petrus Greziat de Treffean, Johannes Islandrei de Ploemelec, Petrus Hervo de sancto Paterno pro media parte, Johannes Monaye de Ploeneret ecclesiarum rectores, Johannes Abbatis, Petrus Falcatoris, Henricus Briendon, Yvo Hencoet presbyteri, cappellani et choriste ecclesie Venetensis confratres dicte confratrie majorque et sanior pars ejusdem confratrie ibidem ratione simboli et computi et ordinationis dicte confratrie ad invicem scilicet congregati.

Quiquidem abbas et confratres sepedicte confratrie et quilibet ipsorum dixerunt et asseruerunt per organum predicti venerabilis et discreti viri magistri Alani Textoris eorum predecessores sacerdotes civitatis et diocesis Venetensis, ut prefertur, dictam confratriam sollenniter et sub autentica et notabili forma maxime pro cultu divino et ad laudem omnipotentis Dei et honorem omnium sanctorum fundasse et creasse aliquaque statuta sive ordinationes inter se laudabiliter ad sustentationem dicte confratrie et divini cultus ejusdem fecisse, statuisse et ordinasse.

Et quia illa statuta sive ordinationes certis et legitimis de causis non suppetebant, neque sufficiebant, suppetuntque neque sufficiunt suppetereque neque sufficere futuris temporibus possent nec valent condigne ad sustentationem dicte confratrie et divini cultûs ejusdem, confessi fuerunt et confitentur sponte et liberè fecisse statuisse et ordinasse inter se et de unanimi consensu aliorum confratrum, saltem majoris et sanioris partis ipsorum ob hæc in unum congregatorum, bono zelo antea proposito deliberato ad sustentationem, augmentationem hujusmodi antique et solennis confratrie et divini cultus ejusdem dictis antiquis statutis sive ordinationibus quibus per presentes non intendunt derogare sed potius reformare addendo etiam de presenti faciunt, statuunt et ordinant melioribus modo, via et forma quibus possunt et debent contenta in dicta cedula papirea, altaque et intelligibili voce ibidem legit, declaravit ac publicavit idem magister Alanus Textoris confrater sepedictus. Cujus quidem cedule papiree tenor sequitur et est talis:

Incipiunt statuta seu ordinationes et institutiones confratrie sacerdotum Venetensium que fuit et est per eosdem sacerdotes fundata et ordinata in ecclesia Venetensi in honorem omnium sanctorum et consuevit solemnizari in eadem ecclesia tertia die mensis novembris. *Primo* quod quilibet sacerdos volens intrare dictam confratriam solvat unam libram cere pro introitu infra mensem et viginti solidos monete currentis.

Item quod omnes confratres tenentur congregare se semel in anno videlicet die martis immediate post festum sancti Simphoriani mensis augusti in ecclesia Venetensi, et quod quilibet confrater per se vel per alium celebret unam missam in dicta ecclesia in illa die pro vivis et deffunctis confratribus dicte confratrie sub pena unius libre cere convertenda ad augmentationem luminariorum dicte confratrie; nisi ille confrater sit infirmus vel in remotis partibus et tunc abbas supplebit vices ejus et in expensis ejusdem fratris.

Item quod omnes confratres dicte confratrie existentis in civitate et villa Venetensi vel infra tres leucas a civitate illa die comedent insimul et in eodem prandio et loco honesto cum silentio et sine scandalo sive murmuratione et detractatione cujuscumque persone per signum vel aliàs et quod in prandio legatur lectio de *Actibus* apostolorum vel de aliqua epistola canonica. Et si quis maliciosè presumpserit contrarium facere, tenebitur pro contemptu hujusmodi solvere abbati dicte confratrie sex denarios convertendos ad usum luminariorum predictorum et completo prandio et redditis gratiis detur statim elemosina pauperibus et precipuè minoribus fratribus et reclusis et aliis ad ordinationem abbatis.

Item quociens decesserit aliquis confrater dicte confratrie et contigerit inhumari in hac civitate vel suburbiis venetensibus, alii confratres tenebuntur defferre et associari dictum confratrem deffunctum a loco quo decesserit usque ad ecclesiam sue sepulture in una et eadem *commillica* inducti superlieiis decenter et honeste ; quicumque confrater existens in civitate vel suburbiis Venetensibus, obitu ipsius deffuncti publicato. Et si quis in hoc deffecerit, abbati confratrie tenebitur solvere sex denarios convertendos ad utilitatem dicte confratrie.

Item quod nullus confrater ab obsequio fratris sui recedet quousque perficietur servitium, nisi legitima de causa quam tenebitur abbati revelare.

Item quod quilibet confrater dicte confratrie celebret seu faciet celebrari unam missam pro anima confratris sui deffuncti in loco et quando ejus obsequium erit ordinatum per abbatem et sub pena unius libre cere convertende in luminarium predictum.

Item quod si ille confrater qui decesserit sit ita inops et pauper quod non habeat unde possint exequie sue fieri suis propriis sumptibus et expensis, abbas et confratres tenebuntur juxta numerum fratrum exequias ejusdem fratris facere et hoc deducendo ab obsequio quod alias pro ipso facere tenebantur.

Item quod quilibet confrater visitet et consoletur confratrem suum infirmum vel aliam desolationem patientem porrigendo ei manus adjutrices juxta posse vel in minimis, vel in cibariis et aliis operibus et auxiliis caritatis, si indiget, et si notoriè fuerit egens ei succurrere ad ordinationem abbatis et quatuor de majoribus confratribus confratrie predicte ad ordinationem abbatis eligendo.

Item quod quilibet confrater dicte confratrie excusabit, juxta posse, confratrem suum si audierit infamare statum suum et revelare sibi illa que audierit de eo neminem tamen nominando.

Item quod nullus laycus conjungatus vel alius admittatur in dicta confratria nisi sacerdos vel promotus ad sacros ordines vel beneficiatus in ecclesia cathedrali Venetensi sine consensu et assensu omnium confratrum insimul.

Item quod quilibet confrater dicte confratrie prebeat auxilium et consilium juxta posse confratri, si habeat aliquid beneficium ecclesiasticum litigiosum vel si patiatur litem coram aliquo judice ecclesiastico vel seculari dum tamen presumat seu credat ipsum confratrem habere justam et legitimam causam.

Item quod si aliquis confrater sit ita dissolutus et enormis quod inficiat alios confratres per dissolutionem et enormitatem suas et quod nullo modo velit se corrigere nec obedire statutis predictis, post trinam monitionem sibi per abbatem confratrie factam, ut peniteat et emendet de enormitatibus suis, possit reppelli tanquam inobediens et rebellis de dicta confratria infra octo dies post illam monitionem, nisi interim sufficienter emendaverit se, quia una ovis morbida multas sanas inficit.

Item quod quilibet confrater dicte confratrie tenetur orare spiritualiter in missis suis pro suis vivis et deffunctis confratribus predicte confratrie, si tamen hoc sibi venerit ad memoriam.

Item quod quilibet confrater qui recesserit ex sua culpa et voluntate de dicta confratria, tenetur solvere abbati confratrie unum scutum auri seu monetam equivalentem et unam libram cere.

Item omnes confratres promiserunt et juraverunt tenere hujusmodi statuta ordinationes seu institutiones fideliter observare et tenere juxta posse.

Item quod celebretur una processio generalis in civitate predicta ad ecclesiam quam abbas dicte confratrie duxerit eligendam die dicta martis et quod quilibet confrater tenetur interesse in vestibus albis sub pena duodecim denariorum monete cursilis.

De et super quibus premissis omnibus et eorum singulis pecierunt dicti confratres predicte confratrie a me notario publico infra scripto sibi fieri, etc.

Quelques autres statuts sont ajoutés à la suite sur ce registre.

Item tenebuntur confratres dicte confratrie corpus seu cadaver confratris aut sororis dicte confratrie decessi in civitate et suburbiis Venetensibus ad inhumationem deferre et in ipsius confratris decessi inhumatione et ejus servitio personaliter interesse si commode fieri poterit, etc.

Item computabit abbas de gestis durante suo officio hujusmodi quolibet anno, rationesque et reliqua prestabit coram duobus commissariis aut pluribus per confratres dicte confratrie hujusmodi deputatis ad diem per eosdem commissarios eidem assignandam, etc. (1).

---

(1) Liv. des Délibérations de la confrérie des prêtres de Vannes, f° 48-50, mss. papier in-4° (*Arch. du Morbihan*).

Statuts de la confrérie de Toussaint de Nantes.

Universis Christi fidelibus presentes litteras inspecturis (1)..... et uxor ejus, Guilelmus Galois et ejus uxor, Joannes Jacquin et Guilmetta ejus uxor, Matheus Geronelly et ejus uxor, Joannes Acharius et ejus uxor, Paulus Le Gers, Joannes Tanguin dictus Magnus, Matheus, Guillelmus Le Bloay et Guillemetta uxor ejus, Guillelmus de Monceau, et ejus uxor, Guillelmus Barbu, Guillelmus Champelo et Margota uxor ejus, Christophorus Jobard, Joannes Promes et Dionisia uxor ejus, Guillelmus de Noue et Agnes uxor ejus, Robertus Medietard et ejus uxor, Guillotus de Conieu et Margotta hujus uxor relicta domini defuncti Caroli Tomelin, militis, Petrus de Fonte et ejus uxor, Joannes de Fonte, Nicolaus de Roca, et ejus uxor, Petrus de Trean, et uxor ejus, Joannes clericus ..... Perotus Boneau, Joanna uxor, Vincintius Couteau, Perotus Briand et Joanna ejus uxor, Bonaventura uxor Ludovici de Mazura, Stephanus Le Pallier et Joanneta hujus uxor, Joanna uxor Thomæ Maujendre, Guido Le Conic et ejus uxor, Modicetus du Figuier et ejus uxor, Joannes Le Picardeau et Joanna hujus uxor, Joannes Gautrain et Matildis ejus uxor, Roberta Droeti des Cléons, Johannes des Cleons, ejus filius, Primus de Beurgo et Loretta ejus uxor, Radolphus Barbe, Guillelmus Prunier et ejus uxor, Perotus Bedou, et ejus uxor, Droetus Revollard et ejus uxor, Matheus Billon, Joannes Droeti, Perotus Droueti, Renulphus Perotin et ejus uxor, Matheus Bardet et ejus uxor, Guillelmus Fougier et ejus uxor, Joannes Barbedor presbyter, Joannes Le Reclous, Joannes Aniceaux presbyter, Theophania....... Guillelmus Bertrandi, Joannes Brel et Joanna ejus uxor, Ollivarius Goelli et ejus uxor, dictus Aniceaux et ejus uxor, Guillelmus Auri fabri, et ejus uxor, Joannes Burosarii et ejus uxor, Guilelmus Guiton, Guillelmus Dumotté, Guilometta filia Joannis Baron, Robin Ricordelius filius, Durandus Robin, et Perona ejus uxor, cives habitatores civitatis Nannetensis, ad divini numinis augmentum, quantum plus possumus anhelantes ad laudem Dei et gloriam omnipotentis Dei Beatissimæque Virginis ejus matris atque

(1) L'auteur de la seule copie qu'on connaisse a laissé plusieurs lacunes qu'il faut sans doute attribuer au mauvais état de l'original.

omnium sanctorum et sanctarum et nostrorum parentum atque benefactorum vivorum et defunctorum, animarum remedio et salute, unicam confrariam pro nobis ipsamque confratriam sub modis et conditionibus infrascriptis in domo elemosinariæ de novo in honore Dei et omnium sanctorum super pontes Ligeris infra fines parrochialis eclesiæ Sancte Crucis Nannetensis fundamus et instituimus perpetuò duraturam. Statuta vero et ordinationes dictæ confratriæ sequuntur in hæc verba.

Primo chacune personne qui entrera en ladite frairie payera pour l'entrée une livre de cire et en oultre chacune fois un doublet bon et neuf en trois touiaillons bons et neufs selon son estat à l'ordonnance des prevosts.

Et est à sçavoir que le luminaire sera tel comme il ensuit : Premier : six torches lesquelles arderont tant que l'on portera le corps de l'autel à l'église et de l'église où il sera enterré et quatre grands cierges qui arderont tant que l'on dira trois messes à note et quatre petits cierges qui arderont tant que l'on mettra à dire les vigiles de celluy ou celle qui sera trépassé et pour la soustenance dudit luminaire payront chacune escuelle deux eschelins une fois l'an.

Item tous les frères et sœurs de ladite frairie seront tenus d'estre à vespres en ladite chapelle le samedy emprès chaque feste de Toussaints et le dimanche à la grand'messe et à vespres et qui défaudra payera par chacun heure un es [chelin].

Item seront tenus lesdits frères et sœurs estre à la messe pour les trépassez de ladite frairie le lundy ensuivant s'ils ne sont hors la ville ou malades ou excusation raisonnable, et aussi seront tenus lesdits frères et sœurs estre ès vigilles et grande messe et à l'enterrement des frères et des sœurs qui trépasseront s'ils n'ont les excusations susdites et pour le deffaut, s'ils defaillent, payront demye livre de cire chacune escuelle.

Item le lundi, à l'heure de la grande messe, seront tenus lesdits frères et sœurs faire chapitre et si tous n'y sont, ce que sera fait par les présents sera tenu ferme et stable sans que les absents le puissent contredire.

Item l'on dînera le dimanche après chacune feste de Toussaints le dîner de ladite frairie en la ville de Nantes en lieu honneste, ou là où les prévosts l'ordonneront et seront tenus chacun frère et chacune sœur payer leur [escot avant d'exire] de l'autel où ils dineront à peine de deux livres de cire l'une à Monsgr. de Nantes et l'autre à ladite frairie et seront tenus lesdits frères et sœurs tous venir audit dîner et ne pourront point envoyer querre leur [escuelle] et s'ils ne viennent au dîner, ils payeront autant que s'ils y dinoyent et seront tenus les prevosts rendre compte ès frères en faisant le chapitre dessusdit et rendront par escrit les noms de ceux qui devront argent ou cire et choisiront les prevosts en faisant le dîner, ceux qu'ils voudront qui soient prevosts et qu'ils verront qui seront profitables et ne le pourront reffuser s'ils ne l'ont autrefois esté.

Item, est establi que nul ni nulle ne sera receu à ladite frairie, s'il n'y a le consentement des frères ou de la plus grande partie, nul deshonneste personne ne sera receue en ladite frairie. Et si aucune personne deshonneste y estoit, les prevosts la peuvent mettre dehors sans nul appeler.

Item, quand aucune personne trépasse des frères et des sœurs, chacune escuelle payera un eschelin pour messes, pour celle personne trépassée et payeront ledit eschelin le jour que l'on fera le service dudit mort ou morte. S'il n'est payé celle journée ils payeront le double pour le deffault et s'il y en avoit aucun ou aucune rebelle de payer ledit eschelin et le double pour deffaut, les prevosts les pourront mettre dehors au chief de l'an.

Item, si aucun ou aucune s'en veut exire de ladite frairie, il s'en pourra exire en payant deux livres de cire et aussi si par le deffaut d'aucun ou d'aucune estoit mis hors de ladite frairie, si payera il les deux livres de cire.

Item, lesd. prévosts auront pouvoir de recevoir, prendre, lever, avoir et accroistre les biens de ladite frairie sans autre procuration et aussi toutefois que le commandeur [1] de l'hospital sera mort lesd. prévosts esliront aucun qui sera profitable pour gouverner ledit lieu et qu'ils présenteront à Monseigneur de Nantes qui pour le temps sera, lequel ordonnera et establira et ainsi lesdits prévosts l'en pourront priver en cas qu'il ne soit profitable en privant un. Et au cas que l'hospital vaquerait et les prevosts ne pussent trouver un homme profitable à présenter, ils pouront eslire deux ou trois hommes de lad. frairie pour gouverner ledit lieu jusques à tant qu'ils ayent trouvé homme profitable.

---

(1) Il s'agit ici du chapelain chargé de la direction de l'aumônerie de Toussaints. Les statuts sont incomplets sur ce point. Je n'ai pu retrouver le concordat passé entre les confrères et ce mandataire. Cependant on voit bien par ce passage que la confrérie avait été investie de la surintendance de la maison.

Item, l'argent qui a esté baillé à Mre Jan de la Barillère pour achepter quinze livres de rente par chacun an qu'une personne a donné pour la fondation d'une chapelenie de deux messes chacune semayne, au cas que ledit argent seroit rendu luy sera baillé èz prévosts d'icelle frairie, lesquels le pouront bailler le plutost qu'ils pouront pour achepter autres quinze livres de rente o le consentement de l'Evesque Nantes et non autrement.

Item, seront tenus les prevosts de ladite frairie faire sçavoir et notifier à chacun et chacune qui entrera en ladite frairie les establissements de lad. frairie èz peines qui y sont, comme dit est, de les acomplir à leur pouvoir èz peines susdites.

Item, ont ordonné lesdits frères et chacun qui est en ladite frairie ou qui y entrera, entre cy et que la frairie siége, payeront chacune escuelle un mouton d'or, une fois payé, pour achepter rante pour fonder une messe chacune semayne en ladite maison en outre lesd. deux messes.

Nos igitur Robertus Dei et Sedis apostolicæ gratia episcopus Nannetensis considerantes et attendentes premissa cedere in divini cultus augmentum premissa omnia et singula prout superius ordinata laudamus, approbamus, ratifficamus et cum nostri interpositione decreti sanctius perpetuo valitura. In quorum premissorum sigillum nostrum duximus apponendum.

Datum et actum Nannetis ultima die mensis januarii, anno Domini milesimo trecentesimo sexagesimo quarto (1).

(1) Copie authentique déposée aux Archives Nationales, série S, n° 4837.

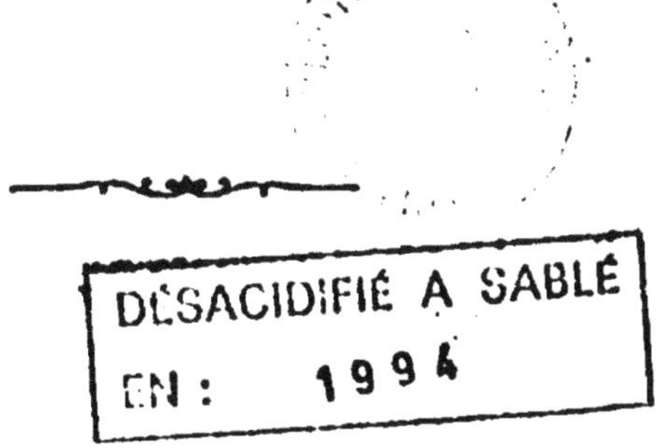

[illegible]